Das
Anselm Grün
Lesebuch

Das Buch

Anselm Grün – der meistgelesene christliche Autor unserer Tage – hat ein umfangreiches und thematisch weit gespanntes Werk vorgelegt. Nähe zu den konkreten Menschen und ihrer Lebenswelt, aber auch große geistige Weite zeichnen es aus, fundierte Kenntnis der spirituellen Tradition und profundes psychologisches Wissen. Er schreibt in einer Sprache, die jeder versteht und die doch einen besonderen Klang hat. Seine Leser schätzen es, dass er keine vorschnellen und keine genormten Antworten gibt auf die Fragen, die viele umtreiben, an den Grenzen des Lebens und auf ihrer Suche nach Sinn. Heiter-gelassene Einfachheit, gedankliche Klarheit und ein Verständnis, das aus Liebe rührt – das ist ein Geheimnis seines Erfolgs.

Der Autor

Anselm Grün OSB, Dr. theol., geb. 1945, Mönch der Abtei Münsterschwarzach, Meditationsleiter, populärster christlicher Autor unserer Tage. Zahlreiche Bücher zu weitgespannten Themen. Sein periodischer Monatsbrief »einfach leben« erreicht zahlreiche Leser (www.einfachlebenbrief.de).

Der Herausgeber

Rudolf Walter, Dr. phil., Dipl. theol., langjähriger Cheflektor des Herder Verlags, ist Herausgeber zahlreicher Sammelwerke und des periodischen Monatsbriefs von Anselm Grün »einfach leben« (www.einfachlebenbrief.de). Er lebt in Freiburg im Breisgau.

Das Anselm Grün *Lesebuch*

Herausgegeben von
Rudolf Walter

HERDER

FREIBURG · BASEL · WIEN

HERDER spektrum Band 6565

MIX
Papier aus verantwortungsvollen Quellen
FSC® C083411
FSC
www.fsc.org

www.herder.de

Umschlaggestaltung: Designbüro Gestaltungssaal
Autorenfoto Anselm Grün: Sarah Hornschuh / © Verlag Herder
Satz: Designbüro Gestaltungssaal

Herstellung: CPI – Clausen & Bosse, Leck

Printed in Germany

ISBN 978-3-451-06565-1

Inhalt

IV. Auf dem geistlichen Weg 113

V. Ein neues Miteinander 143

VI. Das ist Glück: Einfach leben 189

VII. Rat zum guten Leben 213

Vorwort

Dass Religion ihre Zeit hinter sich habe, glauben manche. Hat nicht Luhmann, der bedeutende Soziologe, Religion als ein bloßes Teilsystem der modernen Gesellschaft - neben Wirtschaft, Technik, Politik - beschrieben, gleichzeitig als das einzige System, aus dem man ohne Folgeschaden austreten könne, anders als etwa aus dem Rentensystem, dem Bildungssystem, der industriellen Fertigung. Gott kommt im Alltag von Wirtschaft, Wissenschaft und Technik tatsächlich nicht mehr vor. Und der Philosoph Herbert Schnädelbach setzte bei einer Diskussion zu diesem Thema ironisch noch eins drauf: »Wer ins Kloster geht, mag diese Form des Lebens, die sich ganz auf Gott ausrichtet noch erleben.« Eine vernachlässigenswerte Zahl - aber sonst?

Sind Klöster also nostalgische Reservate, in denen von wenigen noch gelebt wird, was früher die ganze Welt zusammenhielt und heute keinen mehr interessiert? Sozusagen von der eigentlichen Wirklichkeit abgeschnittene Inselchen in einem Ozean der Säkularisierung?

Oder ist es anders? Sind sie Oasen in den durchrationalisierten und durchökonomisierten Öden der Moderne? Orte, an denen eine wichtige Erinnerung lebt? Und für den Zusammenhang dieses Buches ganz konkret gefragt: Hat es gar eine bestimmte Bedeutung, dass Anselm Grün, der auch bei vielen kirchenfernen Menschen große Resonanz hat, Mönch ist: also nach seiner eigenen Definition »einer, der ständig Gott sucht«.

Wer ist Anselm Grün? 1964, noch nicht zwanzigjährig, trat er ins Noviziat der Benediktinerabtei Münsterschwarzach ein, wo er seit fünf Jahrzehnten lebt. Von 1965 bis 1971 dann Studium der Philosophie und Theologie in St. Ottilien und in Rom. 1974 Promotion mit einer Studie über den Jesuitentheologen Karl Rahner. 1974 bis 1976 – auf Geheiß des Abts – Studium der Betriebswirtschaftslehre in Nürnberg. Anselm Grün hat bis heute die wirtschaftlichen Belange seines Klosters als Cellerar geleitet (mit der Verantwortung für über 280 Mitarbeiter in über 20 handwerklichen Betrieben). Als Referent zu spirituellen Themen, als geistlicher Berater und Kursleiter für Meditation, Kontemplation, Fasten ist er vielen Menschen bekannt, noch mehr als Autor spiritueller Bücher. Er ist Auflagenmillionär, internationaler Bestsellerautor. Seine Vorträge – oft zweimal die Woche – sind brechend voll, Seminare über Jahre hinweg ausgebucht. Von Topmanagern aus der Wirtschaft ist er als Berater geschätzt. Vortragsreisen führen ihn auch ins Ausland, weltweit: nach Polen, Tschechien, Frankreich, Spanien, Holland, nach Korea, Taiwan oder Mexiko, Argentinien oder Brasilien. Dabei ist er im Hauptberuf Mönch und Verwalter eines großen Klosters geblieben – alles andere als ein abgehobener Guru. Und: Er macht keine Überstunden, leidet nicht an burnout, wirkt nie gestresst.

Was Menschen an Anselm Grün schätzen, wenn man sie fragt, das könnten Erwartungen an Vertreter der Institution Christentum insgesamt sein: Verstehen der Lebenswirklichkeit und Verständnis für konkrete menschliche Lebensituationen, sichtbare Lebensfreude und spürbare Gottesverbundenheit, Klarheit, Tiefe. Und vor allem: ein weites Herz. Er erscheint anregend und inspirierend, authentisch und angstfrei – und doch im Heute zu Hause, alles andere als weltfremd. Seine Spiritualität ist geerdet, eine mitten ins Leben ausstrahlende Haltung.

Was an den Texten Anselm Grüns auffällt: Sie wirken – und sind – einfach. Einfachheit meint nicht Simplifizierung, sondern Weglassen des Überflüssigen, Konzentration, schnelles Durch-Dringen auf das Wesentliche. Und dieses Wichtigste in allem ist für Anselm Grün die Ausrichtung auf Gott. Sie hat Auswirkung auf alles – auf die Beziehung zu mir selbst, zu anderen, zur Umwelt. Gotteserfahrung ist unverfügbar, aber kein exklusiver Besitz, nichts, was den Gläubigen über anderen erhebt. Gott suchen heißt für ihn: der Quelle allen Lebens mit dem Herzen, aber auch mit dem Verstand, in sich selber nachspüren, immer neu der eigenen Sehnsucht auf den Grund gehen, das Wesentliche da vermuten, wo Freiheit, Zuwendung und Liebe erfahren werden. Gott ist keine dogmatisch definierbare und gedanklich verfügbare oder gar nur jenseitige Größe. Dies gerade nicht. Sondern eine Wirklichkeit, die sich im eigenen Herzen eröffnet – in einem Lebensvollzug, der Gebet genannt wird: Gebet verstanden als Hineinhorchen in mich selbst, nicht nur Selbstbegegnung, sondern ein Hören auf das Tiefste in mir und gerade so auch Impuls zur Lebendigkeit und Offenheit für andere.

Warum klingt das, was Anselm Grün sagt, so einfach? »Was schreibst du da eigentlich?«, hatten ihn seine Geschwister gefragt, als er an seiner Doktorarbeit saß. Er erinnert sich: »Damals ist mir klar geworden, ich brauche einfache Worte, damit die das verstehen können. Mir ist es ganz wichtig, dass wir den Glauben verstehen und nicht nur etwas Theoretisches hören.« Anselm Grün als Theologe ist auf der Höhe der wissenschaftlichen Exegese und Dogmatik. Aber er holt sie aus dem Elfenbeinturm und verknüpft ihre Essenz mit Fragen, die Menschen heute wirklich umtreiben. Der berühmte Designer Axel Kufus hat Einfachheit in der Kunst einmal als ein Ergebnis von Reife, als Integration und Konzentration beschrieben und hinzugefügt. »Was noch dazugehört: Brauchbarkeit und Belastbarkeit für das wirkliche Leben.« Nicht zuletzt in diesem Bezug auf das wirkliche Leben besteht auch die Kunst von Anselm Grüns Theologie.

Eine andere zentrale Spur in seinem Werk ist der unmittelbare Umgang mit der Heiligen Schrift. Hier begegnet er Jesus – bei allem historisch-kritischen Wissen – nicht als historisch weit entfernter Figur oder als dogmatischer Abstraktion, sondern als Inkarnation dessen, wie Gott den Menschen gewollt hat. Jesus ist für ihn auch der, der mich nicht nur mit Gottes ursprünglichem Bild vom Menschen überhaupt, sondern auch der, der mich auch mit Gottes ursprünglichem Bild von mir in mir selber in Berührung bringt. Er ist, so Grün, Weg zur Freiheit, Tor zum Leben, Lehrer des Heils. Und wer ihm begegnet, der erkennt, was das wirklich meint: »Mensch sein«. In seinen Worten, seinen Bildern, seinem Tun lässt Anselm Grün immer wieder neu seinen Lesern ein Licht aufgehen, das den Sinn und das Geheimnis unseres eigenen Lebens erhellt: eines Lebens, das »Leben in Fülle« sein soll.

Über seine Art der Bibelauslegung hat Anselm Grün einmal gesagt: »Von meiner psychischen Struktur her bin ich sicher eher optimistisch. Ich würde nie nein sagen zu einem biblischen Text. Für mich besteht die Auslegung darin, dass ich mit dem Text solange ringe, bis er für mich ein Wort zum Leben wird.« In der Begegnung mit den Geschichten der Bibel – auch mit irritierenden und scheinbar schwierigen Stellen – zeigt er, wie unser Leben gelingen kann. Hier liegt auch fast das gesamte Repertoire dessen, was das Spezifikum seiner »Lebenshilfe« ausmacht: Er möchte »in Berührung bringen mit der Quelle der Liebe, die auf dem Grund unseres Herzens schon in uns sprudelt«.

Eine weitere Quelle der Produktivität, aber auch der Einfachheit von Anselm Grün: Schreiben ist für ihn nicht Selbstzweck, sondern immer neu Antwort auf das, was ihm in der Begleitung von Menschen, in ihren Zweifeln, ihren Nöten und Schicksalen begegnet. Es ist ein Akt der Kommunikation. Grün antwortet auf wirkliche Fragen. Vielleicht sind nur die Starzen der östlichen Kirchen so sehr und so intensiv mit dem Menschlichen in Berührung gekommen, mit Menschen aus allen Schichten, mit Menschen, die Verantwortung tragen in Wirtschaft und Politik, aber auch mit den Mühseligen und Beladenen, an Leib oder Seele Kranken oder Verletzten, mit orientierungslos Suchenden, mit Menschen an der Grenze der Belastbarkeit und am Rand ihrer Möglichkeiten. Aber auch mit Menschen, die ratlos vor Entscheidungen stehen, von ihren Emotionen bedrängt sind. Und immer wieder einfach nur mit unser aller Sehnsucht nach Glück, nach Sinn, nach Heimat und Trost.

Sein Schreiben kreist immer wieder um das Eine: Gottes Zuwendung zum Menschen, die erfahrbar ist in der eigenen Seele. Es will den großen Schatz in den Aussagen der christlichen Tradition, ihren Festen, ihrer Liturgie heben, ihre Symbole neu entschlüsseln, ihre Bilder auf heilsame, lebensberührende Potenziale hin abtasten, die alten Formen – für sich und für andere – übersetzen als Antworten auf heutige Fragen. Es möchte dabei die Einzelnen inspirieren, mit ihren eigenen Emotionen in Berührung zu kommen, eigene Antworten zu finden, sich eigene Gedanken zu machen, Vertrauen in die eigenen Fähigkeiten zu entwickeln. Deswegen ist seine Sprache nicht doktrinär, nicht moralisierend, verurteilend oder gar besserwisserisch, sie möchte nicht nur den Kopf, sondern auch das Herz erreichen.

Etwas ist dafür wichtig: das Wissen um die Psychologie und die Begegnung mit der eigenen Seele. Seelsorge ist nicht möglich, ohne die eigene Seele zu kennen. Und Seelenführer oder auch spiritueller Begleiter kann nur sein, wer die eigenen Fehler, Schwächen und Untiefen kennt, über seine Emotionen nicht im Unklaren ist, sich dem eigenen Unbewussten stellt, sein eigenes Menschsein annimmt und nicht dem Ideal des Perfektionismus oder der Selbstüberschätzung verfällt. Grün hat selber Krisen durchgemacht, selber Zweifel und Krankheit erlebt – und er verleugnet das nicht. Die frühen Mönchspsychologen mit ihrer Psycho-Analyse der menschlichen Leidenschaften, aber auch die Begegnung mit modernen köpertherapeutischen Methoden, die Auseinandersetzung mit östlichen Meditationspraktiken und vor allem die Tiefenpsychologie C.G. Jungs sind ihm hier Lehrmeister. Von den frühen Mönchen hat er gelernt, dass Gott zu uns spricht, durch unsere Gedanken und Gefühle, durch unsere Probleme, durch unsere Träume und auch durch den Leib. Die modernen Methoden vertiefen diesen Weg.

Grüns Texte sind schließlich weithin Texte zur Lebenskunst. Man spürt durchweg seine Überzeugung: Der Mensch ist zum Glücklichsein bestimmt. Der ganze Mensch, mit Leib und Seele, mit Herz und Geist ist erlöst. Erlösung ist nichts Abstraktes, sondern etwas, was unser Leben zum Guten wendet. In seinen Schriften ist eine positive Sicht des Menschen durchgängig. Die Menschen fühlen sich ernst genommen, geachtet, sie werden ermuntert, sich selbst anzunehmen. Und sie spüren, dass auch die Schattenseiten ihres Lebens nicht verurteilt, sondern mit Barmherzigkeit und Hoffnung gesehen werden.

Schießlich die Regel des Benedikt: Auch sie ist eine Anleitung zum guten, glücklichen Leben. Die benediktinische Lebensordnung – das Miteinander von Gebet und Arbeit, die Verbindung von Einsamkeit und Gemeinschaft, der Rhythmus des von Liturgie geprägten Lebens inspirieren auch zu einem gesunden Leben in der Welt: Der gute Umgang mit der Zeit gehört dazu, Rituale, das tiefere Verstehen der Feste des Jahreskreises, spirituelle Übungen, Regeln und Ordnungen. Quellen innerer Kraft liegen gerade in einfachen Dingen, die jedem zugänglich sind: die Natur, Musik, das Gespäch, Freundschaft, die Fähigkeit zum Genuss, und vor allem Stille. Der spirituelle Weg führt mitten in scheinbar profane Bereiche wie Beruf, Arbeit, Gesundheit, zwischenmenschliche Konflikte, Depression, Erziehung, Krankheit, Partnerschaft – das ganze Leben.

Um nocheinmal zum einleitend Gesagten zurückzukommen: In unserer Gesellschaft erscheinen Klöster als kleine Enklaven im Subsystem Religion, und es leben in der Tat nicht mehr viele Menschen im Kloster. Aber Wahrheit und Innovationen waren nie eine Frage der Quantität. So wie die alten Mönche in der Abgeschiedenheit ihrer Wüsteneinsiedelein viel über den Menschen erfahren und weitergegeben haben, so kann die Ausrichtung auf Gott, wie sie heute in den Klöstern gelebt wird, nicht nur suchenden Einzelnen eine erhellende und wegweisende Botschaft für ihr Leben unter ganz anderen Umständen sein. Sie kann die Menschen in ihre Mitte bringen, so dass sie mit sich selber wieder in Berührung kommen. Und Religion ist nicht nur ein System unter anderen, sie liegt auch quer zu den funktionalen Begrenztheiten der anderen Systeme. Sie kann die Sehnsucht nach dem ganz Anderen wachhalten auch in der Gesellschaft und trägt so dazu bei, dass Menschen nicht ganz vereinnahmt werden, weder von Politik noch vom Arbeitsleben oder von der Konsumindustrie. Sie sagt ihnen, dass jeder Einzelne mehr ist als die Vielzahl der Rollen, die er in verschiedenen Zusammenhängen spielt. Mehr auch und etwas ganz anderes als die Summe seiner durch Algorithmen ausbeutbaren Daten. Dass er Wert, Würde und sein eigenes Geheimnis hat. Religion ist so ein Weg nicht nur zum privaten inneren Frieden, sondern auch zur Widerständigkeit.

Sicher: Man kann aus dem »religiösen Subsystem« der Gesellschaft heute ohne Sanktionen und sozial unbeschadet austreten. Aber Anselm Grün zeigt: Für die Orientierung des Einzelnen eröffnet die Ausrichtung auf Gott einen weiten Raum des Sinns, einer Lebensfülle. Sich dem inneren Bereich zu öffnen und den Weg zu einer tieferen Beziehung mit sich selbst gehen, verändert den Blick auf das Leben positiv, es eröffnet Bedeutsamkeit und zeigt einen Weg auch zur Beziehung mit anderen, führt also gerade heraus aus der Einengung in Systeme.

Mönchsein, so Anselm Grün in der Tradition Benedikts, bezeichnet eine Suchrichtung. Diese Suchrichtung gibt dem Leben beides: eine innere Lebendigkeit, die sich nicht mit Äußerlichkeiten abspeisen lässt und nicht auf oberflächliche Weise zu saturieren ist. Und eine Ruhe des Herzens, die aus einer emotionalen Verbundenheit mit dem inneren Grund kommt – und die Grundlage ist für die Erfahrung von Glück.

Möglicherweise wird also gerade hinter Klostermauern etwas bewusst gelebt, wonach auch diesseits der Mauern gesucht wird. Und vielleicht könnte eine Theologie der Befreiung für uns, auch hierzulande, so aussehen: dialogisch, alltagsorientierend, wohlwollend, glaubwürdig – und, warum nicht: tröstlich. Die Texte dieses Buches geben nicht nur eine Suchrichtung an. Sie geben auch einen Geschmack von dem, was zu finden wäre.

Rudolf Walter

I.

Auf der Suche nach dem unfassbaren Gott

Wozu an Gott glauben?

Als Kind habe ich gelernt, den Eltern zu vertrauen und an sie zu glauben. Ich habe die Erfahrung gemacht, dass sie es gut mit mir meinen. Diesen Glauben darf ich in meinem Leben auch auf andere Menschen richten. Es ist gut, wenn ich Menschen vertrauen kann. Aber genügt es, nur auf Menschen zu bauen? Ist es nicht ein Urbedürfnis des Menschen, dem Ganzen zu trauen, der Welt zu trauen? Die Welt selber ist aber oft genug brüchig. Das erleben wir nicht nur in den Umweltkatastrophen. Wie kommt es nun zum Glauben an Gott?

Es gibt sicher eine Sehnsucht, dem, der für alles verantwortlich ist, zu trauen und sich nicht als Willkürobjekt einer unsichtbaren negativen Macht zu sehen, die viele zum Glauben führt. Manche Menschen finden zum Glauben, weil sie gegen den Zustand der Welt, so wie sie sich ihnen faktisch gibt, rebellieren. Ihr Protest gegen diese Welt führt sie über diese Welt hinaus in einen Bereich des Jenseitigen. Diese Welt, die sie als so unvollkommen erfahren, ist ihnen zu wenig. Sie glauben, dass es jenseits dieser Welt etwas geben muss, das alles zusammen hält und unsere Sehnsucht nach wahrer Gerechtigkeit erfüllt.

Die Frage, was es bringt, an Gott zu glauben, oder wofür dieser Glaube gut ist, kann ich nicht beantworten. Ich kann nur feststellen, dass in der menschlichen Seele ein Urbedürfnis ist, das Vertrauen auf jemanden zu richten, der die Welt erschaffen hat und das Ganze in Händen hält. Natürlich ist dieses Urbedürfnis im Menschen noch kein schlüssiger Beweis für Gott. Und ich kann mich auch fragen, ob dieses Urbedürfnis nur ein Ergebnis der Evolution ist, damit der Mensch in dieser Welt besser leben kann, oder ob dieser Sehnsucht eine Wirklichkeit entspricht. Aber für mich ist die Entscheidung, dass meine Sehnsucht der Wirklichkeit entspricht, eine durchaus rationale Entscheidung, die ich vor meinem Verstand rechtfertigen kann. Denn wenn das Urbedürfnis nach Glauben in meiner Seele nur ein Trick der Evolution ist, dann ist letztlich alles sinnlos, dann sind wir nur Produkte der Natur. Und diese Sicht ist zumindest nicht sehr einladend. Da scheint es mir sinnvoller, sich für die Alternative des Glaubens zu entscheiden.

Gott gibt es nicht als Gegenstand unter anderen Dingen dieser Welt. Er liegt nicht auf der gleichen Ebene wie etwas, das ich aneinanderreihen kann. Ich kann also nicht mit dem gleichen Grad an Aussagekraft sagen: Ich glaube an die Existenz von Neuseeland, und ich glaube an Gott. Gott ist nicht ein Etwas, nicht etwas Sichtbares, das man in der Welt vorfindet. Gott ist der Grund von allem, der Schöpfer von allem. Und Gott ist der, der mich in der Tiefe der Seele anspricht, der in meine Seele eine Ahnung gelegt hat von einer Transzendenz, von etwas, das diese Welt übersteigt. Der evangelische Theologie Paul Tillich nennt Gott »das, was mich unbedingt angeht«. Er ist also eine Wirklichkeit, die entscheidende Folgen hat in meinem Leben.

Gott – wo ist sein Platz?

Im Gefängnis der Nazis hat sich Dietrich Bonhoeffer Gedanken gemacht über das Verhältnis von Glauben und Wissenschaft. Er wehrt sich gegen »jede fromm getarnte Flucht« aus dem Denken: »Gott als moralische, politische, naturwissenschaftliche Arbeitshypothese ist abgeschafft, überwunden... Es gehört zur intellektuellen Redlichkeit, diese Arbeitshypothese fallen zu lassen bzw. sie weitgehend wie möglich auszuschalten.« Bonhoeffer meint damit, dass wir Gott nicht dazu missbrauchen, unser mangelndes Denken auszugleichen. Zuerst müssen wir die Welt mit rein weltlichen und wissenschaftlichen Methoden anschauen und erforschen. Erst dann stellt sich die Frage, wie wir Gott und diese Welt zusammen bringen.

Die Welt funktioniert auch ohne die Hypothese Gott. Doch wenn wir die Beziehung der Welt zu Gott betrachten, so entdecken wir, dass der Glaube an Gott durchaus eine Hilfe ist, in dieser Welt menschlich miteinander zu leben. Wenn es keinen Gott gibt, dem sich alle Menschen verpflichtet fühlen, dann gibt es nur das Recht des Stärkeren. Und das ist für das menschliche Miteinander sicher kein Segen. Man könnte also formulieren: Damit die Menschen menschlich miteinander umgehen, braucht es Gott. Aber Gott lässt sich nicht benutzen, auch nicht für ein gedeihliches Miteinander. Er ist der, der alles übersteigt. Er zwingt den Menschen, sich seiner Grenzen bewusst zu werden. Und erst in diesem Bewusstsein lebt der Mensch seinem Wesen gerecht.

Wenn der Mensch nicht an Gott glaubt, ist er in Versuchung, sich selbst zum Gott zu machen. Die Bibel beschreibt die Urversuchung des Menschen genau darin: sein zu wollen wie Gott. Es ist eine Kränkung seines grandiosen Selbstbildes, wenn er abhängig ist von einem Größeren. Aber nur wenn der Mensch aufblickt zu etwas Größerem, lebt er aufrecht und aufrichtig und lässt andere Menschen ebenso leben. Wenn er keinen Gott über sich anerkennt, neigt er dazu, sich andere Götter zu suchen – wie das Geld, die Macht, die Sexualität, den Erfolg. Solche Götter aber tun dem Menschen nicht gut. Sie versklaven ihn. Der Glaube an Gott ist daher die Garantie für seine Freiheit. Die Bibel beschreibt in den ersten Kapiteln des Buches Genesis, wie eine Welt aussieht, in der sich Menschen zu Göttern machen. Da gibt es Mord und Totschlag. Und es gibt bei denen, die in Babel einen Turm bauen wollen, der bis zum Himmel ragt, nur Verwirrung. Für die Bibel ist der Glaube an Gott die Bedingung, dass der Mensch seinem Wesen gerecht und gut miteinander zu leben vermag. Das ist keine naive Sicht. Gerade weil auch die Menschen, die an Gott glauben, einander morden und ungerecht behandeln, müssen die Propheten immer wieder mahnen, dass die Menschen einander achten, gerecht miteinander umgehen und einander lieben.

Wie ist Gott erfahrbar?

Es gibt sicher Menschen, die eine religiöse Begabung haben. Sie sind sensibler für das Transzendente als andere, die eher nüchtern mit den Augen eines Naturwissenschaftlers auf die Welt blicken. Aber Gott zeigt sich auch manchmal ganz nüchternen, religiös völlig »unmusikalischen« Menschen. Es gibt die göttliche Überraschung. Sie kommt manchmal in unser Leben, ohne dass wir uns vorbereitet haben, ohne dass wir darauf gefasst sind.

Wir dürfen also nie unsere religiöse Nichtbegabung als Grund angeben, dass wir Gott nicht erfahren können. Jeder Mensch kann Gott erfahren.

Dabei gibt es sicher verschiedene Zugänge zur Gotteserfahrung. Naturwissenschaftlich orientierte Menschen können etwas von Gott ahnen, wenn sie die Schönheit der Welt und ihre Zusammenhänge erforschen und darin etwas erkennen, was größer ist als sie selbst. Das, was sie in der Natur sehen, lässt zumindest erahnen, was der Grund für all diese Ordnung und die wunderbaren Gesetze ist. Paulus schreibt im Brief an die Römer, dass jeder, der mit wachen Augen in die Schöpfung schaut, in ihr die Spuren Gottes erkennen kann: »Seit Erschaffung der Welt wird seine unsichtbare Wirklichkeit an den Werken der Schöpfung mit der Vernunft wahrgenommen.« (Röm 1,20)

Künstler haben einen anderen Zugang zu Gott. Wenn ein Künstler Bilder meditiert und im Schauen mit ihnen eins wird, bekommt er eine Ahnung von absoluter Schönheit. Bilder sind Durchschein des Ewigen. Der Künstler spricht vielleicht nicht von Gott, aber er ist offen für das Geheimnis der Welt. Und im Geheimnis erahnt er etwas von Gott. Ein Musiker, der einen reinen Ton erklingen lässt, ahnt in dem, was er hört, das Unhörbare. Der Ton führt ihn über diese Welt hinaus. Auch er wird seine Erfahrung nicht sofort mit dem Wort Gott beschreiben. Das Wort Gott ist oft zu sehr mit einengenden Erfahrungen aus der Kindheit oder mit allzu einfachen Sätzen von Theologen behaftet. Aber indem der Musiker das Unhörbare erklingen lässt, weiß er in sich etwas von Transzendenz, vom Geheimnis des absolut Schönen. Der Dichter wird in der Sprache etwas vom Geheimnis des Glaubens erahnen. Paul Celan, der kein typisch frommer jüdischer Dichter war, wollte in seiner Sprache das Unausgesprochene ausdrücken und sich so dem Unaussprechlichen nähern. Gerhart Baumann, der mit dem Dichter befreundet war, schreibt in seinen »Erinnerungen an Paul Celan«: Er war überzeugt, dass »ein Glauben ohne Sprache ebenso sinnlos ist wie die Sprache ohne Glauben«.

In letzter Zeit begegne ich immer wieder Menschen aus den neuen Bundesländern, die ihr Leben lang nie in Berührung waren mit Religion. Sie scheinen Gott nicht zu vermissen. Keiner von ihnen redet von seiner Gottessehnsucht. Und doch, wenn ich mit ihnen spreche, spüre ich, dass da doch eine Sehnsucht in ihnen ist nach »mehr«. Es ist schwer, dieses »Mehr« zu beschreiben. Aber dass diese Sehnsucht nach »Transzendenz«, nach etwas, das uns übersteigt, nach einem Geheimnis, das größer ist als wir selbst, auch in diesen Menschen ist, ist mir deutlich geworden bei einem Vortrag vor Führungskräften. Ein Mann kam nach dem Vortrag mit Tränen in den Augen zu mir. Er erzählte mir, dass er überzeugter Kommunist war. Aber das, was ich gesagt habe, habe ihn tief berührt. Er könne es sich nicht erklären. Aber da sei eine Seite in ihm wachgerüttelt worden, die lange verschüttet war. Ich spürte in diesem Gespräch, dass auch in solchen Menschen eine Sehnsucht nach »mehr«, letztlich nach Gott ist, dass es aber nicht einfach ist, eine Sprache zu finden, um diese Sehnsucht in ihrem Herzen anzusprechen und ihnen selbst Worte zu vermitteln, mit denen sie ihre Sehnsucht ausdrücken können. Eine zu fromme Sprache schreckt diese Menschen nur ab. Ich muss an ihre Sehnsucht glauben. Dann finde ich auch Worte, die ihre Sehnsucht ansprechen.

Wo ist Gott?

Gott ist überall. Wir dürfen ihn uns nicht wie einen Geist vorstellen, der sich unsichtbar hin und her bewegt und überall auftaucht. Gott ist vielmehr der Grund, der alles durchdringt, der Geist, der alles durchgeistet, die Energie, die in allem fließt, die Liebe, die alles durchwirkt. Gott trägt die Welt und durchdringt die Welt. Er ist außerhalb von mir und zugleich in meinem Herzen. Er ist in der Welt und zugleich über der Welt. Manchmal muss ich mich von der Welt zurückziehen, um ihn in der Stille wahrzunehmen. Aber wenn ich sensibel genug bin, kann ich ihn überall wahrnehmen. Das apokryphe Thomasevangelium, ein gnostischer Text aus dem zweiten Jahrhundert, überliefert uns ein Wort Jesu, das lautet: »Ich bin das Licht, das über allem ist. Ich bin das All. Aus mir ist das All hervorgegangen, und zu mir ist das All gelangt. Spaltet ein Stück Holz – ich bin da. Hebt den Stein auf, und ihr werdet mich dort finden.«

Wir können Gott nicht als Bild unter anderen Bildern sehen. Wir können ihn nur als den erkennen, der in allem und über allem ist, der ganz andere, der uns auf einmal in einem Bild anschaut, in einem Wort anspricht, der uns in einer Begegnung aufleuchtet und sich uns in der Schöpfung zeigt.

Wir können die Gegenwart Gottes nur in Gegensätzen denken: Gott ist in mir und außerhalb von mir. Er ist der

Schöpfer, der die Welt trägt. Und er ist die Kraft, die alles durchdringt. Gott ist der, der mich begleitet. Und er ist der ferne und unbegreifliche Gott. Er ist der Unfassbare, vor dem ich niederfalle und ihn anbete. Und er ist der, der mich mit seiner Liebe einhüllt, in dessen heilender Gegenwart ich geborgen bin. Er ist der, der mich herausfordert und auf den Weg schickt, und der, der mich trägt und mir Heimat schenkt. Er ist der ganz Andere und doch auch ganz in mir. Dort wo ich ganz ich selbst bin, bin ich auch in Berührung mit Gott, der mich zu meinem wahren Selbst führt.

Wo und wie kann ich Gott nun erfahren? Ich kann ihn vor allem in der Welt erfahren und zwar durch meine Sinne. Ich kann in der Schönheit der Welt die Schönheit schlechthin schauen. Die Schönheit schlechthin ist Gott. Ich kann in einem menschlichen Wort Gottes Wort hören und in der Musik das Unhörbare erahnen. Ich kann im Wein Gottes süßen Geschmack schmecken, im Duft des Weihrauchs etwas von seinem Geheimnis riechen und in der Blume Gottes Zärtlichkeit ertasten. Aber ich kann Gott nicht direkt greifen. Die Sinne weisen über sich hinaus auf das Unerfahrbare und Unsichtbare und Unhörbare. Wenn ich den Sternenhimmel anschaue, dann geht mir etwas von Gottes Größe und Schönheit auf.

Auch die Geschichte ist der Ort, an dem ich Gott erfahren kann. Ich kann in der Weltgeschichte einzelne Ereignisse festmachen, von denen der Glaube sagt: Hier hat Gott sich gezeigt. Da sind die Geburt seines Sohnes, sein geschichtliches Wirken in Palästina und sein Tod und seine Auferstehung. Ich kann geschichtliche Erfahrungen von

Befreiung als Erfahrung Gottes deuten und etwa – ein Beispiel der jüngeren Vergangenheit – den Mauerfall ohne blutige Gewalt als Gotteserfahrung verstehen. Und ich kann in meiner eigenen Lebensgeschichte genügend Beispiele aufzählen, wo ich sagen darf: Da habe ich Gottes Nähe, Gottes Schutz, Gottes Fürsorge, Gottes Liebe gespürt. Da hat mich etwas Numinoses angerührt, das ich nur mit Gott bezeichnen kann. Die Erfahrung Gottes setzt nicht immer die Erfahrung einer heilen Welt voraus. Und wir erfahren Gott auch nicht immer nur im Guten. Oft ist es gerade so, dass wir dort, wo uns etwas Schweres widerfahren ist, ein Leid uns getroffen hat oder wo jemand uns Böses angetan hat, wir zugleich etwas gespürt haben, was uns trägt, was uns dem Bösen entreißt und was uns mitten im Leid eine Ahnung von Frieden schenkt, der tiefer ist als äußeres Wohlergehen.

Aber genauso wichtig ist für mich auch, Gott in meinem Innern zu erfahren. Augustinus, der große Kirchenvater sagt, dass Gott uns innerlicher ist als wir uns selbst sind. Wenn wir also in uns gehen, können wir Gott erahnen. Der Gott, der in uns ist, entzieht sich aber unserem Zugriff. Er ist unverfügbar und doch ist er in uns. In dem Raum der Stille, zu dem kein menschlicher Gedanke vordringt, da wohnt Gott in uns. Und manchmal können wir ihn spüren. Dann sind wir ganz eins mit uns selbst. In diesem Augenblick vergessen wir uns selbst. Da reflektieren wir nicht über unsere Erfahrung, sondern wir sind einfach nur da. Und indem wir da sind, sind wir in Gott und Gott ist in uns.

Es braucht Aufmerksamkeit

Es braucht Aufmerksamkeit um Gott wahrzunehmen. Wir können diese Aufmerksamkeit zudröhnen im Lärm des Tages und zudecken mit unserem Aktivismus. Ich muss sehr sensible Fühler ausstrecken, um Gottes leise Impulse wahrzunehmen. Wir brauchen eine Antenne dafür. Die Haltung der Offenheit und der Achtsamkeit könnte eine solche Antenne sein.

Achtsamkeit ist ja nicht passiv und sie ist nie folgenlos: Ich achte auf das, was ich tue, nicht um mich zu kontrollieren, sondern um zu spüren, was ich um mich herum und in mir wahrnehme. Wenn ich in die Tiefe meines Herzens schaue, was nehme ich da wahr? Sind es nur meine eigenen Gedanken? Oder ist da nicht eine Ahnung von etwas, was mich übersteigt, was größer ist als ich selbst? Das ist dann eine Ahnung Gottes. Wenn ich achtsam durch meinen Alltag gehe, dann kann ich Gott wahrnehmen im Antlitz eines Menschen, der mich anschaut, in der Schönheit einer Blume, in der Stille um mich herum, in einer Kirche, die auf etwas verweist, was diese Welt überragt, ich kann im konzentrierten Hören einer Sinfonie oder im achtsamen Lesen eines Gedichts »aufgeschlossen« werden für eine solche Erfahrung. Ich kann freilich durch Meditation, Achtsamkeit oder Stille die Gotteserfahrung nicht erzwingen. Aber wenn ich achtsam lebe, wenn ich aufmerksam bin auf die Zeichen der Wirklichkeit um mich herum, werde ich eher Gottes Nähe und seine Impulse in mir und um mich herum wahrnehmen.

Das andere ist die Offenheit. Ich frage bei allem, was ich eigentlich sehe, höre, rieche, wahrnehme: Ist es nur die schöne Blume oder schaue ich in ihr nicht eine absolute Schönheit, etwas, das das einzelne Ding übersteigt? Oder ich frage mich bei meinen Gedanken: Kommen sie nur von mir oder schickt mir Gott diesen Gedanken, diesen Einfall, diesen Impuls? Ich rechne damit, dass Gott mich berührt und anrührt.

Vor allem aber muss ich – um Gott erfahren zu können – eine Beziehung zu mir selbst haben. Wenn ich mich selbst nicht spüre, kann ich auch Gott nicht spüren. Wenn ich nicht auf mich selbst höre, kann ich auch Gott nicht hören. Und wenn ich keine Beziehung zu mir selbst habe, kann ich die Beziehung zu Gott nicht wahrnehmen. Wenn ich mich spüre, spüre ich nicht gleich schon Gott. Aber wenn ich diesem Spüren bis in die Tiefen folge, ahne ich etwas von etwas Größerem, das in mir und meiner Wirklichkeit ist.

Schweigen und Einswerden mit Gott

Das Schweigen als Einswerden hat zwei Aspekte: einmal das Einswerden mit dem Du Gottes, das mir gegenübersteht, zum andern das Einswerden mit dem Gott in mir selbst. Zunächst ist das Schweigen ein Einswerden mit Gott als dem, der mich liebend anschaut. Wir alle wissen um die Erfahrung, dass Worte tiefe Kommunikation stiften können. Worte können die Menschen unmittelbar an das Geheimnis Gottes heranführen. Das zeigen uns die berühmten Gespräche Augustins mit seiner Mutter Monika und Benedikts mit seiner Schwester Scholastika. Augustinus selbst schildert das Gespräch mit seiner

Mutter. Es führte zu dem Punkt, wo die Zeit still stand und das Geheimnis Gottes selbst hereinleuchtete. Jedes weitere Wort hätte dieses Geheimnis zerstört. Jetzt war das Schweigen die angemessene Reaktion, es war die Bedingung, dass die beiden miteinander und mit Gott eins werden konnten. Wenn zwei Menschen sich lieben, so tauschen sie sich im Gespräch aus, damit sie sich immer vertrauter werden. Aber dann kommt auch für sie der Punkt, wo jedes weitere Wort die Gemeinschaft zerreden würde. Sie schweigen miteinander, nicht weil sie sich nichts mehr zu sagen haben, sondern weil sie noch in einer tieferen Weise miteinander eins werden möchten. Worte tragen in sich immer auch die Gefahr des Missverständnisses. Das Schweigen ermöglicht ein Einswerden ohne die Grenzen des Wortes, ein Einswerden im Herzen.

So ist das Schweigen als Vollendung des Gebetes ein sehr personales Schweigen, ein Schweigen vor und mit Christus, ein Schweigen vor und mit Gott, der mich liebt. Ich sitze einfach da und lasse mich von Gott oder von Jesus Christus liebend anschauen. Ich muss nichts leisten. Ich gönne es mir, einfach vor Gott zu sein und mich von ihm lieben zu lassen. Zu dem Metropoliten Anthony kam einmal eine alte Dame, die klagte, dass sie trotz häufigen Betens nie ein Gefühl der Gegenwart Gottes habe. Der Metropolit gab ihr den Rat, sie brauche die nächsten Wochen überhaupt nicht zu beten, sie solle vielmehr einfach eine Viertelstunde dasitzen, den Frieden in ihrem Zimmer erspüren und sich an ihm freuen und dann vor dem Angesicht Gottes stricken. Nach einiger Zeit kam sie wieder und erzählte:

»Es ist ganz merkwürdig. Wenn ich zu Gott bete, genauer, wenn ich zu ihm spreche, fühle ich nichts, doch wenn ich still dasitze, ihm gegenüber, dann fühle ich mich in seine Gegenwart eingehüllt.«

Benedikt versteht das Gebet ähnlich als ein ständiges Leben vor den Augen des göttlichen Beschauers. Wir müssen nichts leisten, sondern wir sind vor ihm und alles, was wir tun, tun wir vor seinen liebenden Augen. Das gibt unserem Leben eine andere Dimension. Das Leben vor den Augen des liebenden Gottes wird in der monastischen Literatur vor allem im »Lob der Zelle« beschrieben. Die Zelle ist der Raum, in dem der Mönch allein mit Gott ist und sich ohne Unterlass mit ihm unterhält. So prägen die Mönche den schönen Satz: Cella est coelum. Die Zelle ist der Himmel, in dem wir zusammen mit Gott wohnen. Sie ist ein valetudinarium, ein Raum, in dem wir heil und gesund werden in seiner Gegenwart. In dieser Gegenwart Gottes, im stillen Verweilen vor Ihm, da wächst auch die Liebe zu Ihm. Es ist eine sehr menschliche Stille, Stille vor Gott, Stille bei Christus. Es ist wie bei einer Freundschaft. Man verweilt vor ihm, gemeinsam mit ihm, man ist da, ohne Absicht, frei von allem. Die Freude an der Gegenwart des andern genügt. So kommt man in Gott zur Ruhe, erspürt etwas von der Stille der Ewigkeit.

[…]

Erst im Gebet entdeckt der Mensch seine volle Würde, dass er berufen ist, vor Gott zu sein und mit Gott eins zu werden. Ohne Zerstreuung beten zu können, ganz und gar auf Gott ausgerichtet zu sein, in Gott zur Ruhe zu kommen, im leidenschaftslosen Teil der Seele eins zu sein mit Gott, das ist das Höchste, was ein Mensch erreichen soll. Und um dieses Zieles willen soll er alles andere aufgeben. In diesem Sinn deutet Evagrius das Nachfolgewort Jesu um:

»Geh, verkaufe, was du hast, und gib das Geld den Armen, nimm dein Kreuz auf dich, damit du, ohne abgelehnt zu werden, beten kannst.« (Gebet 17)

Wir werden jedoch nicht nur eins mit dem Gott, der uns anschaut, der uns gegenüber als Du da ist, sondern auch mit dem Gott, der in uns ist. So sieht es die Mystik, so sieht es das frühe Mönchtum.

Gipfel der Liebe

Der hl. Benedikt mahnt seine Mönche: »Gott sollen sie in Liebe fürchten.« (RB 72,9). Im Kapitel über die Demut hatte Benedikt von der Gottesliebe gesprochen, »die vollkommen ist und die Furcht vertreibt« (RB 7,67). Benedikt sieht 12 Stufen der Demut. Wer diese Stufen ersteigt, der lässt die Furcht hinter sicher und gelangt zur reinen Liebe. Beide Pole gehören zusammen, damit die Liebe immer tiefer wird. Die Aufforderung Benedikts scheint in Gegensatz zu stehen zu der Aussage des Johannes: »Furcht gibt es nicht in der Liebe.« Doch beide Aussagen stimmen. Auf der einen Seite überwindet die Liebe alle Furcht. Auf der anderen Seite vertieft die Furcht die Liebe. Sie gibt der Liebe ihre wahre Kraft. Wir können die Spannung zwischen Furcht und Liebe nie ganz auflösen. Die Spannung gibt der Liebe ihre wahre Kraft. Aber es ist dann eine Liebe, die nicht von Angst bestimmt ist, sondern eine Liebe, die die Furcht als inneres Moment in sich trägt und sie gerade so überwindet.

Wenn wir die Furcht des Herrn so verstehen, dann ist sie wirklich der Anfang der Weisheit. Sie führt zu einem Glauben, der uns ein Gespür für den ganz anderen Gott gibt, aber zugleich die Sehnsucht nach der unendlichen Liebe Gottes in uns weckt. Diese Art von Gottesfurcht befreit uns von Menschenfurcht. Wenn wir Gott fürchten, verliert sich die Angst vor den Menschen und ihrem Urteil. So hat es schon der alttestamentliche Schriftsteller Jesus Sirach gesehen: »Wer den Herrn fürchtet, verzagt nicht und hat keine Angst, denn der Herr ist seine Hoffnung.« (Sir 34, 16). Genauso wie die Furcht zum religiösen Leben gehört, so gehört sie auch zur Psychologie des Menschen. Sie hat eine positive Funktion für die psychische Gesundheit des Menschen. Psychologen haben in letzter Zeit immer wieder betont: Die Angst gehört zum Menschen. Es geht nie darum, die Angst völlig zu überwinden. Denn damit würde dem Menschen ein wichtiges Instrument fehlen, um auf Gefahren reagieren zu können. Wenn die Angst das rechte Maß nicht überschreitet, dann steigert sie unsere Lebendigkeit. Das weiß jeder, der Angst hat um seinen Geliebten, der vor einer schwierigen Reise steht. Wenn er gesund wieder nach Hause kommt, ist das Glück des Wiedersehens umso größer. Die Angst ist gleichsam die Folie, auf der wir die Rückkehr und Nähe des andern beglückender und intensiver erfahren.

Der verzeihende Gott

Schon der Gott des AT ist wesentlich ein verzeihender Gott. Der Mensch fällt immer wieder in die Sünde. Er übertritt Gottes Gebot und verirrt sich in seinen eigenen

Leidenschaften. Das griechische Wort für »sündigen – hamartanein« hießt eigentlich: »das Ziel verfehlen«. Wer sündigt, der verfehlt nicht nur das Ziel, das Gott ihm gesteckt hat, sondern er verfehlt sich selbst. Er entfremdet sich von sich selbst. Mit eigener Kraft kommt er aus seiner Schuldverstrickung und Selbstentfremdung nicht heraus. Er projiziert die Schuld entweder auf andere, oder er zerfleischt sich selbst mit Schuldvorwürfen. Er ist auf Gottes Vergebung angewiesen, um wieder frei zu werden von seiner Schuld, die ihn lähmt und blockiert, um die Selbstentfremdung und die Entfremdung von seinem ursprünglichen Sein zu überwinden und wieder mit sich selbst und mit dem ihn tragenden Grund in Berührung zu kommen. Vergebung meint, dass Gott die Sünde hinter sich geworfen hat (Jes 38, 17), dass er die Schuld erlässt, dass er die Sünde gar nicht mehr sieht, dass er den Menschen von seiner Schuld befreit. Die deutsche Sprache verwendet für die verschiedenen hebräischen Ausdrücke die beiden Wörter »vergeben und verzeihen«. Vergeben könnte man auf zweifache Weise deuten. Einmal meint es: »weggeben, erlassen«, zum andern: »austeilen, verschenken, unrichtig austeilen, falsch geben«. Hinter dem Wort »vergeben« steckt die Vorstellung, dass man dem anderen etwas gibt, was man eigentlich von ihm zu erwarten hätte. Das Wort »verzeihen« kommt von »zeihen = beschuldigen, anschuldigen, anzeigen«. Verzeihen bedeutet dann: »Verschuldetes nicht anrechnen, einen Anspruch aufgeben«. Die deutsche Sprache hat also zwei wichtige Aspekte aus der Bibel entnommen: einmal den Geschenkcharakter der Vergebung. Gott schenkt uns in der Vergebung seine barmherzige und liebende Zuwendung, die wir uns durch unsere Abwendung eigentlich verwirkt haben. Und dann ist da der Aspekt der Schuld, die uns nicht angerechnet wird, die nicht geltend gemacht wird, die erlassen wird …

Der Grund, warum Gott den Menschen immer wieder vergibt, liegt in seiner Barmherzigkeit. Gott hat kein Gefallen am Tod des Sünders. Das Herz Gottes ist nicht das Herz eines Menschen, seine Gedanken sind nicht unsere Gedanken. Daher preist der Psalmist Gott mit den Worten: »Lobe den Herrn, meine Seele, und vergiss nicht, was er dir Gutes getan hat: der dir all deine Schuld vergibt und all deine Gebrechen heilt.« (Ps 103, 2f) Der alttestamentliche Beter weiß, dass er immer wieder in Schuld fällt. Aber wenn er seine Schuld Gott bekennt, ist Gott bereit, ihm zu verzeihen, seine Schuld abzuwaschen und ihm einen neuen, beständigen Glauben zu schenken: (Vgl. Ps 51,12)

Kein Gott der Angst

Ein Mann, der auf Reisen geht, ruft seine Diener und vertraut ihnen sein Vermögen an. Dem einen gibt er fünf, dem andern zwei Talente und dem letzten ein Talent. Die beiden ersten gehen hin und wirtschaften mit ihren Talenten. Sie verdoppeln sie. Der dritte jedoch geht hin und vergräbt sein Talent. Anstatt auf die Gaben zu schauen, die er empfangen hat, sieht er auf die beiden Mitknechte. Und da hat er den Eindruck, dass er zu kurz gekommen sei, dass er gar keine Chance habe, sie mit seinem Wirtschaften zu übertreffen. Das Gefühl der Minderwertigkeit erzeugt Angst. Von dieser Angst könnte uns nur der Blick auf Gott erlösen, der uns mit unserem Leben und mit

Gaben beschenkt hat, die nur wir vorzuweisen haben. Doch sobald wir uns mit andern vergleichen, erscheinen uns auch diese Gaben als nicht vorzeigbar. Der dritte Knecht vergräbt also sein Talent, weil er Angst hat, er könne etwas von dem ihm anvertrauten Geld verlieren. Aber genau damit begeht er den größten Fehler. Als er mit seinem vergrabenen Talent zu seinem Herrn gerufen wird, erklärt er den Grund seines Verhaltens: »Herr, ich wusste, dass du ein strenger Mann bist; du erntest, wo du nicht gesät hast, und sammelst, wo du nicht ausgestreut hast; weil ich Angst hatte, habe ich dein Geld in der Erde versteckt. Hier hast du es wieder.« (Mt 25,24f) Weil der dritte Knecht Angst hat vor der Bewertung seines Handelns, versteckt er sein Talent. Auf diese Weise kann er nichts verlieren. Es wird im Gleichnis nicht gesagt, wie der Herr auf die Knechte reagiert hätte, wenn sie bei ihrem Wirtschaften alles verloren hätten. Nicht ihr Erfolg wird belohnt, sondern ihr Vertrauen, mit dem, was ihnen der Herr anvertraut hatte, kreativ umzugehen. Nur wer ein Risiko eingeht, kann die Talente verdoppeln. Doch das Risiko bedeutet immer auch, dass ich verlieren könnte. Der dritte Knecht will nicht verlieren. Ihm geht es in erster Linie darum, vor dem Herrn korrekt und fehlerlos dazustehen. Auf die religiös-existentielle Situation hin gewendet: Er hat Angst, von Gott verurteilt zu werden, weil er etwas falsch gemacht hat. Aus Angst vor einem Versagen macht er lieber gar nichts. Doch solche Angst lässt uns am Ende leeren Händen vor Gott stehen. Wir haben nichts vorzuweisen.

Der dritte Knecht sieht in Gott einen strengen Herrn. Weil der streng ist, geht der Knecht auch mit sich selbst streng um. Das Selbstbild und das Gottesbild ähneln sich.

Die Strenge Gottes erzeugt im Knecht nicht nur Strenge sich selbst gegenüber, sondern auch Aggression. In den Worten, mit denen der Knecht dem Herrn sein Geld zurückgibt (»Hier hast du es wieder«), spüren wir noch die Aggression gegenüber Gott heraus, aber auch die Aggression gegen sich selbst. Dieser dritte Knecht ist hart mit sich umgegangen. Er hat sich nichts erlaubt. Er hat ein Loch in die Erde gegraben und das Geld seines Herrn darin versteckt. Jesus hätte ein kreativeres Wirtschaften mit dem Talent erwartet. Psychologisch gedeutet: Der Knecht ist nicht liebevoll mit seinem Leben umgegangen. Er hat es vergraben. So kann nichts in ihm aufblühen. Er verkümmert. Er hindert sich selbst am Leben. Ja, er verbietet sich das Leben. Autoaggression und Aggression gegen den strengen Gott halten ihn beide vom Leben ab.

Viele Bibelleser ärgern sich über die harte Reaktion des Herrn gegenüber dem dritten Knecht: »Sein Herr antwortete ihm: Du bist ein schlechter und fauler Diener! Du hast doch gewusst, dass ich ernte, wo ich nicht gesät habe, und sammle, wo ich nicht ausgestreut habe. Hättest du mein Geld wenigstens auf die Bank gebracht, dann hätte ich es bei meiner Rückkehr mit Zinsen zurückerhalten. Darum nehmt ihm das Talent weg und gebt es dem, der die zehn Talente hat! Denn wer hat, dem wird gegeben, und er wird im Überfluss haben; wer aber nicht hat, dem wird auch noch weggenommen, was er hat. Werft den nichtsnutzigen Diener hinaus in die äußerste Finsternis! Dort wird er heulen und mit den Zähnen knirschen.« (Mt 25,26-30) Jesus schildert dem dritten Knecht hier die Konsequenzen seiner Angst. Wer aus dieser Angst heraus lebt, steht am Ende mit leeren Händen da. Da wird ihm selbst das noch genommen, was er voller Angst vergraben hat. Wenn er an diesem Angst machenden Gottesbild festhält, wird sein Leben zur äußersten Finsternis. Dann gibt es kein Licht mehr in seinem Leben und keine Freude. Sein Leben wird zu einem Heulen und Zähneknirschen. Das ist durchaus wörtlich zu verstehen. Wer vor Gott alle seine Gefühle und Gedanken, seine Leidenschaften und Taten kontrollieren möchte, der wird nachts von all dem gequält, was er unterdrücken wollte. Man könnte das Bild sogar ganz konkret aufnehmen: Er versucht, das Verdrängte zu ersticken, indem er in seinen Träumen mit den Zähnen knirscht.

Der Psychotherapeut und Theologe Eugen Drewermann sieht das Hauptanliegen Jesu darin, »dass wir uns in unserer gesamten Lebenseinstellung vor Gott nicht immer wieder auf die Angst zurückziehen, und so beschwört er (Jesus) uns mit Worten, die vor Gott Angst machen sollen, dass wir vor Gott nicht länger mehr Angst haben. Es handelt sich um eine schier verzweifelte Logik, ganz so, wie wenn man gegen einen Steppenbrand ein neues Feuer legt, um ihn zum Verlöschen zu bringen.« Jesus vertreibt also die Angst, indem er sie in ihren letzten Konsequenzen schildert.

Natürlich bietet das Gleichnis von den anvertrauten Talenten kein Patentrezept gegen die Angst vor Gott an. Wenn die Angst zu sehr unterdrückt ist, bedarf es eines langen Weges, um sie anzuschauen und ihr ihre Macht zu nehmen. Aber das Gleichnis zeigt zumindest die Richtung an, in der es Heilung geben könnte: Damit wir nicht von dieser Dauerangst beherrscht werden, lädt uns Jesus ein, unsere Angst zu verlassen. Er hat, so Drewermann, dieses Gleichnis erzählt, »um die Angst bis zu jenem Höhepunkt zu treiben, an dem der Teufelskreis ihrer Sinnlosigkeit deutlich und überwindbar wird«

Nur der Weg des Vertrauens führt zu dem Gott, den Jesus verkündet hat.

In der Liebe ist Gott

Liebe ist der Ort, an dem wir Gott selbst erfahren können. In jeder menschlichen Liebe, auch wenn sie noch so brüchig ist, erfahren wir ihn. Ja mehr noch, in dieser brüchigen Liebe ist er in uns. Da kommen wir in Berührung mit dem Gott, der in uns wohnt.

So möchte uns Johannes zum einen eine neue Sicht der Liebe vermitteln. Statt zu jammern über das, was unerfüllt bleibt in unserer konkreten Liebeserfahrung, sollten wir uns von der begrenzten Liebe in die Quelle der unbegrenzten göttlichen Liebe führen lassen. Diese Sicht gibt unserer brüchigen Liebe ihre Würde.

Auf der anderen Seite zeigt uns Johannes auch, wie unsere Liebe gelingen kann. Wenn wir nämlich aus der Quelle der göttlichen Liebe schöpfen, die nie versiegt, verliert sich in uns die Angst, unsere Liebe könne versiegen, das Gefühl für den anderen werde sich verflüchtigen. Bei aller Brüchigkeit unserer Liebe: diese Quelle der göttlichen Liebe in uns versiegt nie. Wer sich dieser Quelle dankbar zuwendet wird auch fähig, wieder zu lieben. Die Liebe in der Partnerschaft gelingt mir leichter. Ich erwarte vom anderen keine absolute Liebe. Seine – begrenzte- Liebe verweist mich auf die grenzenlose Liebe auf dem Grund meiner Seele. Ich erwarte vom anderen

nicht, dass er alle meine Sehnsucht erfüllt, sondern dass er mit dem, was er mir an Liebe erweist, in mir die Sehnsucht nach der Quelle der Liebe weckt, die in mir selber sprudelt. Diese Quelle der Liebe ist letztlich Gott.
Oft ist die Liebe wie eine Quelle in uns, die versiegt scheint. Doch es gibt Möglichkeiten, mit ihr in Berührung zu kommen. Dann steigt diese Quelle in uns hoch, so dass sie auch unser Bewusstsein durchdringt, unser Reden, Denken und Handeln prägt. Der Zugang zu ihr geht über die konkrete Erfahrung menschlicher Liebe. Wenn wir den manchmal verschlossenen Bruder, die schwierige Schwester, den unsympathischen Mitmenschen lieben, kommen wir in Berührung mit der göttlichen Quelle. Und wir kommen zu dieser Quelle durch die alltägliche Erfahrung unserer Liebe zum Ehepartner und seiner Liebe zu uns. Auch die begehrliche Liebe, in der wir uns vom anderen abhängig fühlen, in der wir immer um den anderen und seine erotische und sexuelle Liebeserfahrung kreisen, kann uns mit dieser Quelle der göttlichen Liebe in Berührung bringen.

Wenn wir alles von der Liebe eines Menschen erwarten, dann wird unsere Sehnsucht nie gestillt. Wir werden dann unzufrieden, unglücklich oder fordernd. Wir machen unserem Partner Vorwürfe, dass er uns zu wenig liebt, wir werfen ihm vor, dass wir seine Liebe nicht mehr spüren. Und je mehr wir ihm Vorhaltungen machen, desto weniger spürt er auch in sich noch Liebe. Denn Vorwürfe wecken die Liebe nicht auf, im Gegenteil, sie vertreiben sie. Es gilt, sich einverstanden zu erklären mit der Durchschnittlichkeit der eigenen Liebe und der Liebe des Ehepartners. Wenn ich die Durchschnittlichkeit betrauere, dann führt mich das Betrauern in den Grund meiner Seele. Und dort entdecke ich das große Potenzial an Liebe, das Gott mir geschenkt hat. Dann kann ich auf einmal die positiven Seiten der Liebe entdecken: Wir gehen fair miteinander um. Wir achten einander. Wir stützen einander. Wir sind einander treu. Das alles ist Ausdruck unserer Liebe. Wir können sie nicht immer in Gefühlen ausdrücken. Die Gefühle kommen und gehen. Doch die Liebe, die jenseits der Gefühle ist, die göttliche Liebe, die als Quelle unsere menschliche Liebe speist, bleibt immer.

Nicht »lieb«

Wir dürfen den Satz, dass Gott die Liebe ist, nicht zu naiv verstehen, als ob Gott alles liebevoll anordnen würde. Wenn ein Kind durch einen Verkehrsunfall aus dem Leben entrissen wird, stimmt dies nicht. Aber wir stehen vor der Frage, ob wir die ganze Welt mit negativer und böser Energie aufgeladen sehen. Oder ob wir vertrauen, dass der letzte Grund allen Seins Liebe ist. Je nachdem, wie wir uns entscheiden, werden wir uns und die Welt anders erleben. Die zentrale Aussage der Bibel ist, dass Gott Liebe ist. Wenn wir Liebe in uns spüren, dann haben wir etwas von Gott verstanden, dann haben wir teil an Gott. Und diese Liebe lässt es uns aushalten in der Welt, in der so vieles ist, was wir nicht verstehen und nur schwer akzeptieren können.

Aber zugleich zwingt uns die oft grausame Wirklichkeit der Welt, dass wir Gott nicht naiv als »lieben« Vater verstehen. Leid und Grausamkeit der Welt entlarven diese Bilder als bloße Projektionen unserer Sehnsucht nach einer heilen Welt. Trotzdem sollen wir daran festhalten, dass Gott gerecht ist, dass er die Liebe ist. Aber wie wir die schrecklichen Seiten der Wirklichkeit und die Wirklichkeit Gottes, der Liebe und Barmherzigkeit ist, zusammenbringen können, das bleibt ein Geheimnis. Wir sollen durch die Erfahrung des Leids unsere manchmal allzu naiven und optimistischen Gottesbilder zerbrechen lassen, damit wir in der Dunkelheit nach dem Gott suchen, der trotz aller Finsternis Licht ist und Licht bringt in unsere verdunkeltes Herz. Wenn ich die Welt mit ihrer Grausamkeit anschaue, fällt es mir schwer, zu sagen, Gott wolle immer das Beste für uns. Ich muss erst einmal meine Sprachlosigkeit aushalten, bevor ich in der Unbegreiflichkeit des Geschehens nach dem unbegreiflichen Gott frage, nach dem Gott, der mich in aller Bodenlosigkeit dennoch trägt und mir in meiner Hoffnungslosigkeit Hoffnung schenkt. Gott ist dann keine glatte Antwort auf die Erfahrung des Leids. Aber ich erahne mitten im Leid den Gott, der in Jesus Christus selbst das Leid noch in sich hineingenommen hat und so zu einem leidenden Gott geworden ist.

Gottesverborgenheit

Warum Gott sich verbirgt, das kann ich nicht beantworten. Vielleicht könnte ein Antwortversuch in diese Richtung gehen: Gott verbirgt sich, damit wir nicht auf die Idee kommen, ihn für uns zu vereinnahmen, ihn zu besitzen und über ihn genau Bescheid zu wissen. Gott verbirgt sich, um uns zu zeigen, dass er der ganz andere und unverfügbare Gott ist, nach dem wir immer wieder neu suchen müssen. Der hl. Benedikt verlangt vom Mönch, dass er sein Leben lang Gott sucht. Auch der Mönch hat Gott nicht für immer gefunden. Er muss sich immer wieder neu auf die Suche nach dem verborgenen Gott machen. Manchmal zeigt Gott sich, um uns in unserer Suche anzustacheln. Aber dann verbirgt er sich wieder, damit wir uns noch mehr nach ihm ausstrecken und ihn von ganzem Herzen suchen.

Es gibt eine wunderbare chassidische Geschichte dazu. Elie Wiesel, der die Gottesverborgenheit in Auschwitz am eigenen Leib erlitten hat, erzählt sie in einem seiner Bücher. Da kommt ein kleiner Junge und beklagt sich bei Rabbi Baruch, seinem Großvater, über seinen Freund. »Wir hatten Verstecken gespielt, ich musste mich verstecken, und er war dran, mich zu suchen. Aber ich hatte mich so gut versteckt, dass er mich nicht finden konnte. Da hat er aufgegeben, er hat einfach aufgehört mich zu suchen. Und das ist unfair.« Rabbi Baruch antwortet: »So ist es auch mit Gott. Stell dir seinen Schmerz vor. Er hat sich versteckt und die Menschen suchen ihn nicht. Verstehst du? Gott versteckt sich, und der Mensch sucht ihn nicht einmal.«

Jesus selbst spricht davon, dass das Reich Gottes im Verborgenen wirkt. Es ist wie ein Senfkorn und wird doch zum Baum. (Mt 13,31f) Und Jesus fordert uns auf, im Verborgenen zu Gott zu beten: »Du aber geh in deine Kammer, wenn du betest, und schließ die Tür zu; dann bete zu deinem Vater, der im Verborgenen ist. Dein Vater, der auch das Verborgene sieht, wird es dir vergelten.«

(Mt 6,6) Gott ist im Verborgenen. Daher soll auch unser Gebet im Verborgenen geschehen. Jesus weiß um die Gefahr, dass wir uns mit unserem Beten über andere stellen und uns vor anderen gut darstellen wollen. Wenn wir im Verborgenen Gott suchen, dann schützt das Verborgene unsere Gottsuche. Wir gehen nach innen, nach dem, was uns selbst verborgen ist. Dort können wir Gott treffen, der sich auch vor dem Zugriff der Menschen verbirgt.

Martin Buber erzählt übrigens auch eine Geschichte über die Verborgenheit Gottes. Es ist die Geschichte eines frommen Juden, der zu seinem Rabbi kommt und ihn fragt, was man in seinem Glauben tun könne, wenn Gott sein Antlitz verberge. Die Antwort des Rabbi lautet: »Weiß man, dass es ein Verbergen ist, dann ist es ja kein Verbergen mehr.«

Und bei Bernhard von Clairvaux heißt es einmal: »Wer dich sucht, der hat dich schon gefunden.« Schon in der Sehnsucht nach dem abwesenden Gott ist Gott also nahe. Und mir ist ein lateinisches Zitat begegnet, das Augustinus zugeschrieben wird: »Ut inventus quaeratur, immensus est.« »Damit Gott auch als gefundener noch gesucht wird, ist er unendlich.«

Gott allein genügt

Als die junge Philosophin Edith Stein Teresas Buch von den Klostergründungen las, wusste sie: »Das ist die Wahrheit.« Berühmt ist der Satz, den Teresa auf einen Zettel schrieb, den sie immer bei sich trug: »Nichts verwirre dich, nichts erschrecke dich, alles geht vorüber, Gott ändert sich nicht. Die Geduld erreicht alles. Wer Gott besitzt, dem mangelt nichts; Gott allein genügt.« »Dios solo basta«: Oft hat man diesen Satz so gedeutet, als ob der Mensch nur Gott brauche und sonst nichts. Doch Teresa versteht den Satz nicht asketisch. Sie zeigt ja in ihrem Leben, daß sie nicht nur Gott brauchte, sondern auch Menschen. Man hat sie mit Recht die »Heilige der Freundschaft« genannt. Das spanische »Solo Dios basta« übersetzt man besser: »Nur Gott genügt.« Teresa meint damit: Der Mensch hat in sich eine so große Sehnsucht, daß nur Gott diese Sehnsucht wirklich zu erfüllen vermag. Nur Gott ist in sich groß genug, um die Weite des menschlichen Herzens zu erfüllen. Das menschliche Herz braucht auch die Freundschaft. Aber kein Mensch kann das menschliche Herz ganz ausfüllen. Das vermag nur Gott.

Das Sehnsuchtsgebet

Gott selbst können wir nicht direkt erfahren. Aber in der Sehnsucht spüren wir ihn in unserem Herzen. Der spirituelle Weg besteht für die christliche Tradition daher geradezu ausdrücklich darin, dass wir mit unserer Sehnsucht in Berührung kommen. Sie ist – nach Augustinus

– wie ein Anker, den Gott in unsere Seele geworfen, mit der sich geradezu sprichwörtlich in unserem Innersten »verankert« hat.

Viele Menschen leiden heute darunter, dass sie nicht mehr beten können. Sie zweifeln daran, dass Gott ihr Gebet hört und auf ihr Gebet hin handelt. Wenn sie mir ihre Zweifel an der Wirksamkeit des Gebetes erzählen, dann versuche ich nicht, ihnen zu beweisen, dass das Gebet schon oft geholfen hat. Und ich verzichte auf theologische Erklärungen, wie Gott auf unser Gebet reagiert. Denn das führt nicht weiter. Ich rate ihnen, das Beten erst einmal zu lassen. Stattdessen sollten sie sich einfach still hinsetzen, ihre Hand auf das Herz legen und spüren, was da an Sehnsucht in ihnen hochsteigt. Das ist schon Gebet. Die Sehnsucht ist das wahre Gebet. In der Sehnsucht streckt sich ihre Seele nach Gott aus. Und Gebet ist nicht in erster Linie Bittgebet, auch nicht Dankgebet, sondern Sich-Ausstrecken nach Gott, Sich-Sehnen nach ihm, der unser Herz mit seiner Liebe und mit seinem Geist erfüllen kann. Wenn ich in der Sehnsucht Gottes heilende und liebende Nähe erahne, dann ist all das schon erfüllt, wonach ich im Bittgebet flehe. Dann bin ich frei von dem negativen Einfluss des Menschen, der mich verletzt hat. Dann ist Frieden in mir. Dann erfahre ich mich heil und ganz. Dann hat mich meine Angst nicht mehr im Griff. Die Sehnsucht führt mich in Gott hinein und erfüllt so, was der Sinn jeden Betens ist: eins zu werden mit Gott, in ihm Frieden und Heil, Freiheit und Liebe zu erfahren.

Engel – Gottes Boten

Die Offenheit des heutigen Menschen für Engel hat ihren Grund darin, dass der Mensch ein Gespür für Transzendenz hat. Er sehnt sich danach, dass in seine oft gnadenlose Welt des Geschäfts eine andere Dimension einbricht. Er sehnt sich nach einer Welt der Geborgenheit und Leichtigkeit, der Schönheit und Hoffnung. Engel stehen für gelingendes Leben, für eine Liebe und Zärtlichkeit, die nicht die Brüchigkeit menschlicher Liebe aufweist. Engel öffnen den Himmel über den Menschen. Gott ist für viele Menschen eher fern und unverständlich. Engel sind ein konkreter Widerschein Gottes in unserer Welt. Durch die Engel kommt der Mensch in Berührung mit seiner Seele, und mit ihren kreativen und heilenden Kräften. Engel«, das kommt vom griechischen Wort angelos, »Bote«. Wir sollten uns, sagt Augustinus, weniger über das Wesen der Engel Gedanken machen, als vielmehr über ihre Aufgabe: Engel sind Boten Gottes. Gott schickt sie uns, um uns eine Botschaft zu verkünden, uns zu schützen, uns in konkreten Situationen zu helfen oder uns in Haltungen einzuführen, die wir brauchen, damit unser Leben gelingt. Engel sind als geschaffene Wesen erfahrbar. Sie sind sichtbar. Spürbar. Engel, das können Menschen sein, die im rechten Augenblick in unser Leben treten, die uns auf etwas hinweisen, das für uns zum Segen wird, die rettend und helfend eingreifen, wenn wir nicht mehr weiter wissen. Auch die Traumboten sind in der Tradition immer Engel. In den Träumen spricht ein Engel zu uns – und Träume können wir sehen, aufschreiben, uns vor Augen halten. Engel sind innere Impulse in unserer Seele. Wir wissen nicht, woher der spontane Einfall kommt, einen anderen Weg zu nehmen. Und nachher erfahren wir, dass der andere Weg unser Leben gerettet hat. Solche spontanen Einfälle sind Engel, die Gott uns schickt. Auch Verstorbene können für uns zu Engeln werden, die uns begleiten.

Engel sind personale Mächte: das heißt, sie sind keine Personen in unserem Sinn, keine individuellen Wesen, die wir klar abgrenzen und beschreiben können. Aber sie sind Mächte und Kräfte, ihr Erscheinen ist keine Einbildung. Sie wirken und sie betreffen unsere Person. Das heißt, sie können uns begegnen und sie helfen uns auf unserem Weg der Selbstwerdung, der Personwerdung. Engel schützen unsere Person und Engel bringen uns mit wesentlichen Bereichen unserer Person in Kontakt. Engel bringen uns in Berührung mit unserer Seele, mit dem inneren Raum der Liebe und Freiheit.

Die Bibel erzählt uns von Engeln, die dem Menschen in konkreten Nöten zu Hilfe kommen. Da ist der Engel, der das Schreien des Kindes hört (Genesis 16), der Engel, der den resignierten Elija wieder aufweckt und aufrichtet (1 Könige 19), der Engel, der die Jünglinge im Feuerofen mit einem schützenden Hauch umgibt (Daniel 3). Da gibt es Rafael, den Engel, der die Beziehungen zwischen Mann und Frau und zwischen Vater und Sohn heilt (Tobit). Der Erzengel Michael, dessen Name bedeutet »wer ist wie Gott?«, kämpft für uns, damit keine irdische Macht uns bestimmt, sondern Gott uns zu uns selbst befreit. Gabriel ist der Verkündigungsengel, der uns die Geburt eines Kindes verheißt, der uns hinweist auf das Neue, das in uns aufbricht. Im Neuen Testament der Bibel treten die Engel vor allem bei der Geburt und bei der Auferstehung Jesu in Erscheinung. Ein Engel verkündet die Geburt Jesu und bringt damit Freude in das Leben der Hirten. Die Engel, die Gott loben, vermitteln uns die Leichtigkeit des Seins. So hat sie vor allem die Barockkunst verstanden, die die Wände der Kirchen mit Engeln verzierten, die uns auf das Spielerische unseres Seins hinweisen. Engel kommen zu Jesus in seiner Versuchung (Matthäus 4,11). Und ein Engel steht ihm bei in seiner Ohnmacht und Angst am Ölberg (Lukas 22,43). Engel verkünden den Frauen, dass Jesus von den Toten auferstanden ist. Und Engel sind es, die den toten Lazarus in den Schoß Abrahams tragen. Engel werden auch uns in die liebenden Arme Gottes tragen.

Heilige – Zeugen Gottes

Vielen evangelischen Christen ist die Suche nach Hilfe bei Heiligen aber bis heute suspekt. Gott ist doch der, der mich aus aller Not befreit. Warum sollen wir uns an Heilige wenden? Diese Frage ist in der Tat berechtigt und theologisch auch ganz klar zu beantworten: Der wahre Nothelfer ist immer Gott. Gott ist schon im Alten Testament der, der unsere Krankheit heilt, der unsere alltäglichen Nöte wendet, der uns befreit von inneren und äußeren Feinden, die uns bedrohen. Gott reißt uns heraus aus den Wassern, die uns überschwemmen. Er hebt uns empor aus der Grube, in die wir fallen. Für die gläubigen Christen ist es Jesus Christus, der unsere Wunden heilt und mit uns unsere Wege geht. Er hat uns verheißen, daß er bei uns sein wird alle Tage unseres Lebens. In seiner Gegenwart sollen wir uns nicht fürchten. Wenn das Volk seine Zuflucht zu Heiligen genommen hat, ist das aber kein Gegensatz zum Vertrauen auf Gott und zum

Glauben an Jesus Christus, der in seiner Auferstehung den Tod überwunden hat. Vielmehr wissen auch die einfachen Gläubigen im Letzten immer, daß es Gott ist, der heilt und rettet. Und wenn ich zu einem Wallfahrtsort pilgere, in dem ein Heiliger verehrt wird, dann bete ich zu Gott in dem Vertrauen, das der Heilige zu Gott hatte. Wir wissen, das die Begegnung mit Menschen immer auch ein Weg zu Gott sein kann. Und so sehe ich etwa im Leben und an der Person eines Heiligen, was Gott am Menschen wirken, wie er auch mich von allen Bedrängnissen befreien kann. Im Heiligen schaue ich Gottes Wirken an uns Menschen. Und ich vertraue darauf, daß Gott auch an mir handeln wird, wie er es an dem Heiligen getan hat. Die Heiligen sind gleichsam ein Prisma, durch das ich auf Gottes heilendes und befreiendes Wirken schaue. Und sie sind Zeichen der Hoffnung, daß auch mein Leben gelingen wird. Die Heiligen waren nämlich genauso zerrissene und verwundete Menschen wie ich, sie litten wie ich an ihren Fehlern und Schwächen, an den Wunden und Brüchen ihrer Lebensgeschichte und machten durchaus auch sehr schmerzliche Erfahrungen. Sie gingen durch Grausamkeit und Brutalität, durch Ablehnung und Verletzung hindurch. Und dennoch sind sie nicht verzweifelt, sondern haben an Gott festgehalten. Und sie sind – wie es die Legenden immer wieder erzählen – gekrönt worden. Ihr Leben ist gelungen. Heilige sind spirituelle Menschen. Sie sind durchlässig geworden für Gott und haben in sehr verschiedener Weise dargestellt, wie ein Mensch mit seiner oft genug verwundeten Lebensgeschichte heil und ganz werden und Gottes Gegenwart in dieser Welt bezeugen kann. Sie waren auf diese Weise Erleuchtete, die je auf ihre persönliche Art frei geworden sind von der Herrschaft des Ego, eingetaucht in Gottes heilende und befreiende Liebe.

Gott hat in den Heiligen vorbildhaft gezeigt, wie er den Menschen in einer ganz konkreten geschichtlichen Situation zu heilen und zu verwandeln vermag. Indem er in einem konkreten Menschen das Heil und das Heilige zur Geltung bringt, stärkt Gott unsere Hoffnung, daß er auch unsere Not wendet und das Unheile in uns zum Heil wandelt. Die Heiligen sind so Hoffnungszeichen für uns. Aber sie sind auch Wegbegleiter auf unserem persönlichen Weg zu Gott. Der Heilige möchte uns zu Gott führen, damit wir in Gott Heilung und Befreiung erfahren.

Die Legenden der Heiligen zeigen uns, daß Menschen im Glauben die Welt besiegt haben, daß sie durch den Widerspruch der wenig erbaulichen, ja brutalen Wirklichkeit ihrer Zeit nicht zerstört werden konnten. So stärken sie in uns die Hoffnung, daß auch in uns etwas ist, das durch die Nöte der Zeit nicht beeinträchtigt werden kann, weil es in Gottes Heil schon hinaufgehoben ist, weil es schon teil hat an der Vollendung, am Reich des Friedens und der Liebe.

Die Lieb ist unser Gott

Mensch, was du liebst, in das wirst du verwandelt werden, Gott wirst du, liebst du Gott, und Erde, liebst du Erden.

Die Liebe, wenn sie neu, braust wie ein junger Wein;
Je mehr sie alt und klar, je stiller wird sie sein.

Die Lieb ist unser Gott, es lebet all's durch Liebe;
Wie selig wär ein Mensch, der stets in ihr verbliebe.

ANGELUS SILESIUS (JOHANN SCHEFFLER 1624–177) AUS: »DER CHERUBINISCHE WANDERSMANN«

Vier Jahre nach seiner Konversion zum katholischen Glauben veröffentlicht der Arzt Johannes Scheffler, der sich den schlesischen Engel (Angelus Silesius) nennt, »geistreiche Sinn- und Schlussreime«. In ihnen drückt er aus, was er in der Begegnung mit den Mystikern erfahren hat. Er möchte diese Erfahrungen mit heiligem Witz so darstellen, dass die Leser immer wieder verblüfft innehalten. Seine Verse wollen alltägliche Wegbereiter für suchende und glaubende Menschen sein.

Ich habe nur drei Verse ausgesucht, die um die Liebe kreisen. Drei wichtige Aussagen werden da über die Liebe gemacht. Die Liebe verwandelt uns in das, was wir lieben. Daher sollen wir in erster Linie Gott lieben. Dann werden wir in Gott hinein verwandelt. Das heißt aber nicht, dass wir keinen Menschen lieben dürfen. Es meint vielmehr, dass wir auch in der Liebe zu einem Menschen ein Gespür für seine göttliche Würde haben und für die göttliche Dimension der Liebe. Diese göttliche Dimension der Liebe kommt im dritten Vers zum Ausdruck. Mit diesem Vers interpretiert Angelus Silesius das Wort aus dem 1. Johannesbrief: »Gott ist Liebe. Und wer in der Liebe bleibt, bleibt in Gott, und Gott bleibt in ihm.« (1 Joh 4,16) Durch die Liebe lebt alles: die Natur, der Mensch, die Gemeinschaft. Wenn wir in der Liebe bleiben, bleiben wir in Gott und wir sind voller Leben. Der zweite Vers zielt auf die Verwandlung der Liebe selbst. Die Liebe wandelt sich vom brausenden Wein, der uns verzaubert, hin zu einer stillen und klaren Liebe. Diese klare Liebe liebt nicht mehr ein Bild vom andern, sondern ihn so, wie er ist. Die klare Liebe ist frei von den Trübungen durch Zweifel, Eifersucht und Neid. Und es ist eine stille Liebe, aber gerade in der Stille auch eine beständige Liebe, eine Liebe, die immer in uns ist und die uns in der Stille miteinander eins werden lässt, eins miteinander und eins mit Gott. Der dritte Vers erklärt, dass die Liebe der Grund allen Lebens ist. Aus ihr lebt alles, aus ihr blüht alles auf. Daher ist es Glück für den Menschen, in der Liebe zu bleiben und aus ihr heraus zu leben.

II.

Befreiung, Heilung, Erlösung

Erlösung hier und jetzt

Lebenslang stoßen wir an Grenzen, immer wieder. Und wir erfahren uns das ganze Leben lang verstrickt in Abhängigkeiten, fühlen wir uns gefangen in schicksalhaften Unfreiheiten. Sie legen sich wie ein mächtiger Schatten über unser Leben, und wir können uns von ihnen trotz aller Anstrengungen oft nur schwer lösen. Wir erfahren, dass wir hinter unseren Möglichkeiten zurückbleiben und uns in Schuld verhärten. Wir erleben Krankheit, wir verspüren Ängste, Verzweiflung und Depression. Und wir kennen alle – immer wieder – die Erfahrung, dass wir in unser eigenes Ego eingesperrt sind. Und wir sehnen uns in all dem immer wieder nach der Freiheit einer »erlösenden« Wirklichkeit. Die Tradition nennt das, wonach wir uns sehnen: Erlösung.

Die entscheidende Frage ist, wie wir Erlösung verstehen und erfahren. Wir haben als Christen die Erlösung manchmal zu jenseitig verstanden. Ein Blick in die Bibel zeigt uns etwas anderes: Erlösung fängt hier im Leben an. In den Geschichten von Jesus wird erzählt: Er ist gekommen, um uns hier in unserem Leben zu erlösen, zu retten, zu heilen. Er hat Kranke geheilt, Gebeugte aufgerichtet, Sündern ihre Sünden vergeben und Menschen, die sich aufgegeben haben, wieder Mut zum Leben geschenkt. Das zeigt: Erlösung erfahren wir hier in unserem Leben als etwas Heilendes und Befreiendes.

Auch wenn wir nicht schwer krank sind oder unter dem Druck eines harten Schicksals leiden, erfahren wir uns immer auch als Menschen, die endlich sind und deren

Leben durch den Tod bedroht ist. Jesus ist nicht nur gekommen, damit es uns hier besser geht. Die Erlösung durch ihn schließt den Tod mit ein. Auch im Tod werden wir nicht allein gelassen, sondern gemeinsam mit ihm das Tor zum ewigen Leben durchschreiten. Er ist uns in seinem Tod vorangegangen, um uns die Angst vor dem Tod zu nehmen.

Erlösung ist konkret. Sie heißt, dass ich hier in meinem Leben immer wieder Befreiung erfahre, Lösung von Verkrampfungen und Verhärtungen. Wenn ich mich bedingungslos geliebt weiß, bin ich erlöst von dem Zwang, mich selbst ständig durch Leistung zu beweisen. In mir ist oft ein unbarmherziger Richter, der mich niedermacht, wenn ich einen Fehler begehe. Erlösung heißt: frei zu werden von diesem inneren Richter, mich selbst annehmen, weil ich die Vergebung von Gott her erfahren habe. Erlösung heißt für mich: im Blick auf den, der für mich am Kreuz gestorben ist, frei werden von aller Entwertung der eigenen Person. Ich bin wertvoll. Denn Gottes Sohn ist auch für mich gestorben. Ich kann frei werden von allem egozentrischen Kreisen um mich selbst. Ich spüre, dass da in Jesus eine Liebe sichtbar wird, die auch mich zur Liebe befreit und befähigt. Erlösung verwandelt also mein Leben hier und jetzt.

Natürlich erfahre ich, dass diese Erlösung immer nur bestimmte Bereiche in mir durchdringt. Im Tod wird sie endgültig sein. Mein Glaube ist: Da werden alle Fesseln gelöst. Da werde ich ganz frei und ganz echt und nur noch reine Liebe sein. Da werde ich für immer eins mit Gott und mit mir selbst und mit all den Menschen, die ich je geliebt habe. Da erlebe ich in der Grenze zu Gott gleichzeitig die göttliche Aufhebung aller Grenzen. Die Hoffnung auf die endgültige Erlösung bedeutet kein Überspringen dieser Welt. Im Gegenteil: Hoffnung hat jetzt und hier schon erlösende Kraft. Denn sie befreit mich schon hier von aller Angst und lässt mich daher die Gegenwart und meinen Alltag anders erleben. Ich bin frei, selbst lösend zu wirken und heilend auf andere zuzugehen. Ich selbst bin in der Lage, die Fesseln anderer zu lösen und befreiende Liebe in die Welt hinein zu tragen. Indem ich die Grenze des Todes als Einladung zu einem intensiven Leben hier und jetzt erfahre, kann ich gelassen und dankbar für jeden Augenblick sein.

Erlösung als Befreiung aus der Angst

Im »Benediktus«, dem Lobgesang des Zacharias, beschreibt Lukas das Geheimnis unserer Erlösung durch Jesus Christus als Befreiung von der Angst: »Er hat uns geschenkt, dass wir, aus Feindeshand befreit, ihm furchtlos dienen in Heiligkeit und Gerechtigkeit vor seinem Angesicht all unsre Tage.« (Lk 1,74f) Im Griechischen wird hier der Begriff »aphobos« verwendet. Er bedeutet einen Mangel an Furcht, ein Fehlen der Furcht. In Jesus Christus hat uns Gott die Befreiung von der Angst geschenkt. Die Befreiung aus der Angst hängt zusammen mit der Befreiung aus der Hand der Feinde. Es sind letztlich die Feinde unserer Seele, die uns Angst machen. Die Feinde der Seele, das sind unsere kranken Lebensmuster, unsere Komplexe, unsere Schwächen und Fehler. Oder – in der Sprache der Bibel – es sind die Dämonen, die uns nicht zu dem werden lassen, zu dem Gott uns gemacht hat.

Die Psychologie benennt diese Feinde der Seele mit anderen Begriffen: Es sind falsche Deutungen der Wirklichkeit, verzerrte Denkmuster, die die Wirklichkeit einseitig wahrnehmen und nur das Beängstigende in ihr sehen.

Wie hat uns nun Jesus von diesen Feinden der Seele, von diesen destruktiven Denkmustern und Deutungsweisen unserer Wirklichkeit befreit? Wie können wir diese Befreiung von unserer Angst verstehen und erfahren?

Für mich kommt in dem eben zitierten Vers aus dem Lobgesang des Zacharias etwas Wesentliches vom Geheimnis der Erlösung, wie Lukas sie versteht, zum Ausdruck. Schon der Grieche Lukas hat die Angst als etwas Quälendes erlebt, als das, was den freien und aufrechten Menschen in seinem Daseinsgefühl beeinträchtigt. Daher besteht für ihn Erlösung nicht so sehr in der Vergebung der Sünden, sondern vielmehr in der Befreiung aus der Angst und in ihrer Überwindung. Der Religionsphilosoph Eugen Biser hat dies verstanden, wenn er das Christentum »die Religion der Angstüberwindung« nennt. Das Wesen Jesu kommt darin insofern zum Ausdruck, als er den Menschen tatsächlich ihre Angst nimmt. Er vermittelt ihnen: Ihr braucht keine Angst vor der eigenen Schuldhaftigkeit und vor inneren Feinden zu haben, die euch von innen her suggerieren, wie schlecht ihr seid und dass ihr euer Leben nicht schafft. Jesus befreit die Menschen von der Macht der Dämonen. Er richtet die aus Angst in sich gekrümmte Frau auf und zeigt ihr ihre ursprüngliche Schönheit und Würde, so dass sie von nun an aufrecht durchs Leben geht und Gott dafür lobt, dass er sie so wunderbar geschaffen hat (vgl. Lk 13,10-17). Er richtet angstgebeugte Menschen auf und zeigt ihnen den ursprünglichen Glanz, in dem ihre Seele strahlt. Er öffnet ihnen die Augen, damit sie die Wirklichkeit richtig erkennen und frei werden können von der Projektion ihrer Angst auf die Realität dieser Welt. Er macht durch sein Handeln deutlich: Angst entsteht durch falsche Deutung der Welt und wir überwinden sie am besten, indem wir die Welt so sehen, wie sie von Gott geschaffen wurde. Lukas beschreibt uns die Welt in dieser ursprünglichen Qualität. Er sieht den Menschen realistisch, d. h. nicht durch eine dunkel gefärbte Brille, sondern mit den Augen Gottes, der die Welt als eine gute erschaffen hat. Diese wirklichkeitsgemäße Sicht wird bei ihm durch die beiden Worte »Heiligkeit« und »Gerechtigkeit« ausgedrückt.

Heilig ist der Mensch, der heil ist und ganz. »Heilig« bedeutet für die Griechen das, was der Welt entzogen ist, worüber die Welt keine Macht hat. Jesus, so meint Lukas, hat uns ermöglicht, in Heiligkeit vor Gott zu leben, uns nicht beherrschen zu lassen von den Ängsten, die uns an die Welt binden, sondern uns von Gott prägen zu lassen. In jedem Menschen befindet sich ein heiliger Raum, ein Raum der Stille, in den der Lärm dieser Welt nicht eindringen kann, ein Raum, in dem Gott wohnt und wo die Menschen keinen Zutritt haben. In diesem heiligen Raum in uns kommen wir mit dem heilen und unversehrten Kern in uns in Berührung. Da kann die Angst nicht eindringen, da hat sie keine Macht über uns. Da sind wir erlöst, d.h. frei von der bedrückenden und einengenden Angst.

Jesus hat uns in seiner Predigt einen Weg zu diesem Frieden gewiesen. Wir sollen mit den Feinden unserer Seele

Frieden schließen, anstatt sie zu bekämpfen. Wir sollen mit der Angst Frieden schließen. Dann wird sie zu unserem Freund. Jesus erklärt diesen Zusammenhang in dem Gleichnis von dem König mit den zehntausend Soldaten (Lk 14,31f). Wenn wir mit unseren zehntausend Soldaten, mit unserem Willen, unserer Disziplin, unserem Verstand, gegen die zwanzigtausend Soldaten der Angst kämpfen, reiben wir uns in diesem Kampf auf. Je mehr Energie wir in den Kampf gegen die Angst stecken, desto größer wird die Gegenkraft, die die Angst entwickelt. Sie wird uns dazu zwingen, unsere ganze Energie zu vergeuden, um Mauern aufzubauen, damit die Angst nicht in unser Herz eindringen kann. Die Energie, die wir in den Aufbau der Abwehr stecken, wird uns zum Leben fehlen. Wir werden unfähig, uns selbst zu spüren. Die Mauer, die wir aufbauen, wird uns auch vom eigenen Herzen trennen. Jesus lädt uns ein, Frieden zu schließen mit unserer Angst, aus der Angst als Feindin eine Freundin zu machen. Dann gehört die Kraft, die in der Angst steckt, zu uns. Die Angst wird uns auf unserem Weg begleiten. Sie wird uns zu aus der Enge heraus zu einer größeren Weite führen. Im Bild des Gleichnisses Jesu gesprochen: Wenn wir aus den Feinden Freunde machen, erweitert sich unser Land. Und wir haben, um im Bild zu bleiben, statt zehntausend nun dreißigtausend Soldaten zur Verfügung. Wir haben also mehr Kraft, als wenn wir uns im Kampf aufreiben. Die zwanzigtausend Soldaten der Angst werden uns helfen, das eigene Land aufzubauen und zu gestalten. Unser Leben wird reicher und bunter. Manchen macht es allerdings Angst, mit ihrer Angst Frieden zu schließen. Sie meinen, sie müssten sie besiegen.

Doch erst wenn wir Frieden mit ihr schließen, wird sie zum Freund werden, der uns ein freies und intensiveres Leben ermöglicht.

Die Heilung der Schwiegermutter des Petrus

Christliche Spiritualität, die sich auf Jesus beruft, muß eine therapeutische Spiritualität sein. Sie soll unsere Wunden heilen. Doch es ist leicht, das zu behaupten. Oft genug macht Spiritualität die Menschen krank. Immer wenn jemand seine Verletzungen oder seine Schattenseiten abspaltet, aus Angst, sie könnten sein heiles Selbstbild stören, dann wird er krank. Dann projiziert er die Dämonen, die er bei sich selbst verdrängt hat, auf die anderen. Dann verteufelt er andere, weil er den Teufel im eigenen Herzen nicht anschauen möchte. Markus zeigt uns Jesus als den, der mit Vollmacht von Gott spricht. Wenn Jesus von Gott spricht, dann melden sich alle kranken Gottesbilder vehement zu Wort. So hat Markus es uns in der folgenden Szene geschildert. (Mk 1,21-28) Unmittelbar nachdem Jesus die Synagoge von Kafarnaum verlässt, geht er mit Jakobus und Johannes in das Haus des Simeon und Andreas. Die Schwiegermutter des Petrus lag mit Fieber im Bett. Fieber kann viele Ursachen haben. Die hohe Temperatur des Körpers kann Ausdruck des Kampfes gegen einen Infekt sein. Etwas von außen ist in die Frau eingedrungen. Das können nicht nur Bakterien sein, sondern auch Konflikte oder Kränkungen. Wenn zuviel auf uns einstürmt, dann reagiert unser Körper oft mit Fieber. Er signalisiert, daß es zuviel ist, was wir da zu verarbeiten haben. Wir müssen uns zurückziehen, um das Fieber auszukurieren.

Jesus heilt die Frau in drei Schritten. Er geht auf sie zu. Das ist nicht nur äußerlich gemeint. Er geht auf sie ein. Er lässt sich auf die kranke Frau ein. Er nimmt eine Beziehung zu ihr auf. Dann fasst er sie an der Hand. Er berührt sie. Er spürt das Fieber mit seinen Händen. Er fühlt, was in ihrem Körper vor sich geht. Er fühlt sich ein in ihre inneren Kämpfe. Seine Hand beruhigt die inneren Turbulenzen in ihrer Seele. Unter der schützenden Hand verebben die Auseinandersetzungen in ihrer Seele. Und in der Berührung mit seiner Hand lässt Jesus seine Kraft in die Frau einströmen, seinen Geist, seine Liebe, seine Klarheit. Er teilt ihr etwas mit von seinem inneren Frieden, von der Quelle, aus der er lebt. Und Jesus richtet sie auf. Es ist das gleiche Wort, das Markus auch für die Auferstehung verwendet. Er weckt sie auf, öffnet ihr die Augen, daß sie die Wirklichkeit mit neuen Augen sieht. Und er stärkt ihr den Rücken, dass sie zu sich stehen kann. Sofort – so sagt Markus – »wich das Fieber von ihr, und sie sorgte für sie.« (Mk 1,31) Das griechische Wort »diakonein« meint den Tischdienst. Sie, die dem Leben zurückgegeben wurde, dient nun dem Leben. Und sie halten Mahl miteinander, die fünf Männer und die Frau. Was für rabbinische Augen undenkbar. Doch Jesus durchbricht die enge Einteilung in Männer und Frauen, wie es in seiner Umgebung üblich war. Die Frau hat genauso Platz in seiner Gemeinde wie die Männer.
Und nun berichtet Markus, wie die Leute alle Kranken und Besessenen zu Jesus bringen. Sie spüren offensichtlich, daß von diesem Jesus eine heilende Kraft ausgeht.

»Und er heilte viele, die an allen möglichen Krankheiten litten, und trieb viele Dämonen aus.« (Mk 1,34) Markus gebraucht hier das Wort »therapeuein«. Jesus wird zum Therapeuten für die vielen Kranken, für die, denen es schlecht geht, wie es im Griechischen heißt. Es sind Menschen, die an sich selbst leiden, die einfach nicht hochkommen, die ein Kummer, eine Sorge, eine Kränkung niederhält. Und Jesus befreit die Menschen von den Dämonen, die ihr Denken und Fühlen trüben, von den Zwängen und Lebensmustern, die sie im Griff haben.

Schuld, Sünde, Leid

Viele verbinden heute Erlösung vor allem mit Erlösung von Sünde und Schuld. Doch was heißt das? Ist die Sünde ein juristischer Tatbestand, der durch Jesus gelöscht wird? Oder wird Schuld durch Jesus abgetragen oder gesühnt? Und wie sollen wir das verstehen? Bevor wir auf diese Fragen nach einer Antwort suchen, müssen wir erst einmal das Verständnis von Sünde und Schuld anschauen. Die Sünde wird innerhalb der christlichen und jüdischen Tradition verschieden gesehen. Da ist einmal die Sünde als Übertretung von Gottes Geboten. Der Mensch richtet sich nicht nach den Geboten Gottes, sondern tut, was er will. Die Gebote Gottes sind dabei nicht als rein äußere Vorschriften verstanden, sondern als Weg, wie der Mensch seinem Wesen entsprechend zu leben vermag. Die Gebote sind für die Juden schon ein wesentlicher Teil des erlösenden Handelns Gottes. Gott gibt dem Menschen Gebote, damit er richtig lebt und damit das Zusammenleben innerhalb der Gemeinschaft gelingt.

Wenn einer die Gebote übertritt, lebt er letztlich gegen sein eigenes Wesen. Er schadet sich selbst. Er verliert seinen Weg.

Der griechische Begriff von Sünde, »hamartia«, meint das Verfehlen des Menschen. Der Mensch verfehlt sein Ziel. Er lebt an sich selbst vorbei. Er ist blind für den wahren Weg, der zum Leben führt. Er macht sich Illusionen über sein Leben und lebt nach Maßstäben, die ihm letztlich nicht gut tun. Das deutsche Wort Sünde kommt von Sondern, Absondern, Abschneiden, sich Herausnehmen. Jürgen Werbick nennt Sünde die »Verabsolutierung der eigenen Perspektive«. Und er beschreibt die Sünde als »den zunehmend bedenkenlos ausgelebten Trend, sich ohne viel Rücksicht auf die gegebenen Zusammenhänge, unter Missachtung der Nebenwirkungen für andere und anderes, etwas herauszunehmen und die Verantwortung für all das, was dieser Eingriff auch noch anrichtet, fröhlich zu ignorieren« (Werbick 173). Heute zeigt sich dieses Herausnehmen auf Kosten der anderen einmal darin, sich die natürlichen und humanen Ressourcen herauszunehmen und den anderen die Folgewirkungen aufzuladen, sich den Spaß herauszunehmen »und fröhlich (zu) ignorieren, was man denen wegnimmt und verweigert, mit denen man seinen Spaß hat«, sich nur Informationen herauszugreifen, »mit denen man eigene Interessen durchsetzen kann, ohne Rücksicht darauf, was dieser selektive Informationseinsatz zerstört, an Lebensmöglichkeiten und Reifungschancen, an mitmenschlicher Achtung« (Werbick 174). Und man nimmt sich nur die schönen Seiten des Lebens heraus und verdrängt das Leid. Man wälzt es auf andere ab oder entzieht den Leidenden die Aufmerksamkeit. Erlösung von der Sünde ist dann Perspektivenwechsel: statt sich etwas herauszunehmen, alles im Zusammenhang zu sehen und zu belassen, »Verdrängte und Verdrängtes hereinzuholen, Abgespaltenes zu leben, Ignoriertes geltend zu machen, also jenen großen heilvollen Zusammenhang neu wahrzunehmen, der in Gottes Schöpferwillen und Weisheit seinen Grund hat und in Gottes Herrschaft seine Vollendung finden soll« (Werbick 182). In diesem Sündenverständnis von Jürgen Werbick geschieht Erlösung von der Sünde nicht allein durch den Tod Jesu und nicht durch einen Akt der Sühne, sondern durch das ganze Dasein Jesu. Jesus hat in seinem Leben und Sterben, in seinen Worten und Taten uns eine neue Perspektive aufgezeigt. Und darin geschieht Erlösung.

Der Begriff der Sünde als Verfehlen wird ergänzt durch den Begriff der Schuld. Sünde bezieht sich mehr auf das Handeln des Menschen. Schuldig wird der Mensch als Ganzer, einmal indem er sich selbst oder andere verletzt. Das kann durch eine Tat geschehen. Der Mensch kann aber auch schuldig werden, indem er sich weigert, seine eigene Wirklichkeit anzuschauen und ihr gemäß zu leben. Für den Schweizer Therapeuten C. G. Jung ist Schuld Spaltung. Der Mensch spaltet einen Teil von sich selbst ab. Er verleugnet oder verdrängt ihn. Damit wird er nicht nur sich selbst gegenüber schuldig, sondern auch Gott gegenüber, der ihn so geschaffen hat, wie er nun einmal ist. Er missachtet seine göttliche Würde. Die Schuld schließt den Menschen aus der menschlichen Gemeinschaft aus. Wer sich schuldig fühlt, kann sich selbst kaum annehmen. Und er hat den Eindruck, dass er sich der menschlichen Gemeinschaft nicht zumuten darf. Er hat das Gefühl, die anderen würden ihn ablehnen, wenn sie nur wüssten, was in ihm für Gedanken und Fantasien seien oder was er an Bösem getan habe.

Das Christentum hat manchmal die Schuld zu sehr betont und die Menschen immer zuerst als Sünder gesehen. Das war oft übertrieben und hat dazu geführt, Macht über sie zu gewinnen. Denn Schuldgefühle einzuimpfen ist die subtilste Form von Machtausübung. Keiner kann sich dieser Macht entziehen. Denn keiner weiß sich völlig schuldlos. Heute haben wir Schuld oft verdrängt. Doch Schuld ist nach wie vor ein zentrales menschliches Thema. Das erfahren die Therapeuten in jeder Sitzung. Ein wesentlicher Bereich der Therapie bezieht sich auf den Umgang mit Schuldgefühlen und auf die angemessene Reaktion des Menschen auf die Schuld, die er auf sich geladen hat. Daher kann eine Erlösungsbotschaft an der Schuldfrage nicht vorbeigehen. Nur darf sie sich nicht allein auf sie beschränken. Damit würde die vielfältige Botschaft der Bibel eingeengt. Und die Schuldfrage muss richtig gestellt werden. Der evangelische Theologe Paul Tillich deutet Schuld als Unfähigkeit, sich selbst anzunehmen. Und Erlösung ist für ihn Annahme des Unannehmbaren. An der Unfähigkeit, sich selbst zu akzeptieren, leiden heute viele Menschen. Ein Appell allein, sich anzunehmen, genügt nicht, um diese Unfähigkeit zu durchbrechen. Der Blick auf Jesus Christus hat vielen Menschen geholfen, sich mit allem, was ist, auch mit den dunklen Seiten, auch mit ihrer Schuld anzunehmen, weil sie sich im Kreuz Jesu bedingungslos geliebt fühlten.

Das Leid gipfelt im Tod. Seit jeher ist der Tod die größte Infragestellung des Menschen. Jede Philosophie beginnt mit dem Bedenken des Todes. Eine wichtige Botschaft des Christentums war die Botschaft von der Auferstehung, von der Überwindung des Todes. Wer einen Sterbenden begleitet, weiß um die Not des Menschen, seine Sterblichkeit und Vergänglichkeit zu akzeptieren. Es ist die Not des Sterbenden, aber auch derer, die ihn lieben. Auch für sie ist der Tod eine Herausforderung. Er kann sie verbittern und verhärten oder aber aufbrechen zu neuem Leben. Jesu Botschaft und Jesu Sterben und Auferstehen sind eine Antwort auf die Todesfrage, die den Menschen von Geburt an umtreibt.

Der amerikanische Psychologe Yalom sieht vier Grundnöte, die in einer Therapie bearbeitet werden müssen: die Angst vor dem Tod, die Angst vor der Freiheit, die Angst vor der Isolation und das Leiden an der Sinnlosigkeit. Man könnte sagen, die christliche Botschaft von der Erlösung antwortet auf diese vier Grundnöte. Aber man muss die Relation der Erlösungsbotschaft zu diesen Grundnöten richtig sehen. Yalom meint, viele würden auf ihre Todesangst unangemessen reagieren, indem sie sich als etwas Besonderes sehen oder indem sie nach dem großen Retter suchen. Mit Retter meint er dabei einen Menschen, an den sie sich hängen, etwa an den Therapeuten oder den Ehepartner oder sonst eine Führerfigur. Das jedoch führt nicht zur Erlösung, sondern zur Fixierung. Jesus darf nicht als der große Retter verstanden werden, der mir die Angst vor dem Tod nimmt. Er führt mich vielmehr zu einem angemessenen Umgang mit dem Tod. Indem er den Tod überwanden hat, lädt er mich ein, mich der eigenen Todesangst zu stellen und sie im Vertrauen auf seine Auferstehung zu überwinden. Jesus nimmt mir den Tod nicht ab, sondern mutet mir zu, meinen eigenen Tod im Blick auf seine Todesüberwindung zu sterben. Die Angst vor der Freiheit führt zum Gefühl der Bodenlosigkeit. Ich habe keinen Grund, auf dem ich stehe. Jesus befreit uns von Abhängigkeiten und innerem Gefangensein. Er erfüllt die Sehnsucht der Gnosis nach wahrer Freiheit. Aber er stellt uns zugleich auf einen festen Boden, wie er es im Gleichnis vom Haus ausdrückt, das auf den Felsen gebaut ist. Isolation kann bedeuten: ohne Beziehung zu anderen zu sein, ohne Beziehung zu sein zu mir selbst und zu den verschiedenen Bereichen in mir. Und es gibt die existenzielle Isolation, in der ich das Gefühl habe, von allem getrennt zu sein, hinausgeworfen zu sein aus dieser Welt. Das Johannesevangelium antwortet auf diese Not, indem es uns einen Weg zeigt, mit uns selbst, miteinander und mit Gott eins zu werden. Die letzte Not ist die Not der Sinnlosigkeit. Auf diese Not antwortet vor allem das Lukasevangelium, indem es Jesus als den Anführer zum Leben versteht, der uns die Augen öffnet für den Sinn unseres Lebens.

All diese Nöte beziehen sich auf den einzelnen Menschen. Es gibt aber auch Nöte, die die Gemeinschaft betreffen. Das Böse macht sich in der Gemeinschaft breit in ungerechten Strukturen, in krankmachenden Denkmustern, die die Gesellschaft bestimmen und den Einzelnen gefangen halten. Totalitäre Strukturen, Menschen verachtende Tendenzen, die Missachtung der Menschenrechte, die immer größere Verrechtlichung, die Vereinsamung, der Konsumzwang, die Blindheit gegenüber den Bedürfnissen der vielen Menschen, ungerechte Güterverteilung, Ausbeutung der Schöpfung, mangelnde Sensibilität für die Natur und für die Menschen, Beziehungslosigkeit, all das sind Nöte, die die Gesellschaft betreffen. Und auch auf sie muss die Erlösungsbotschaft antworten, nicht in dem Sinn, als ob Jesus alles schon gelöst hat. Aber in

Jesu Wort und Handeln können wir eine Antwort auf einen Weg finden, wie wir heute verantwortungsvoll mit den Problemen unserer Zeit umgehen können, sodass wir nicht in immer größere Schwierigkeiten und Engpässe hinein gelangen, sondern in eine menschenwürdige Zukunft.

Auf all diese Grundnöte antwortet die Botschaft von der Erlösung. Dabei bedeutet Erlösung nicht, dass Gott uns in Jesus Christus das Leid, den Tod, die Sinnlosigkeit und die Schuld einfach abnimmt, so als ob wir nichts mehr damit zu tun hätten. So vereinfachend deuten manche Christen das Geheimnis der Erlösung. Erlösung ist immer beides: Befreiendes und heilendes Tun Gottes in Jesus Christus und zugleich Aufzeigen eines Weges, wie wir in der Orientierungslosigkeit und Bedrängnis menschlich leben können, wie wir frei werden von der Macht des Todes, der Schuld, der Sinnlosigkeit, der Vergänglichkeit und des Leids. Wer Erlösung so versteht, dass Christus alles getan hat und es auf den Menschen überhaupt nicht ankommt, der hat die Bibel gründlich missverstanden. In der Erlösung durch Jesus Christus ist etwas geschehen, was unser Leben verändert hat. Aber die Erlösung ist nicht nur in der Vergangenheit geschehen. Sie muss sich immer wieder an uns vollziehen. Und bei diesem Vollzug der Erlösung ist unser eigenes Tun und Denken gefragt. Die Erlösung durch Jesus Christus eröffnet uns einen Weg, wie wir sinnvoll und als freie Menschen zu leben vermögen und wie wir diese Welt so gestalten können, dass Gottes heilender und befreiender Wille darin sichtbar wird. Insofern sind Fremderlösung und Selbsterlösung keine Gegensätze. Die Worte Jesu zu befolgen und in ihnen einen Weg zur Freiheit und zum erfüllten Leben zu sehen, das ist keine Selbsterlösung. Es ist vielmehr unsere Antwort auf die Erlösung durch Jesus Christus. Ohne unsere Antwort aber ist die Erlösung wirkungslos. Ohne Antwort verweigern wir die Verantwortung für unser Leben. Doch Jesus wollte nicht verantwortungslose Menschen, sondern Menschen, die mit ihrem Leben Antwort geben auf seine Worte, auf sein Leben und Sterben. Jesus hat durch sein Leben und Sterben einen Stein in das Wasser unserer Welt geworfen. Und dieser Stein zieht Kreise. Das, was in Jesus geschehen ist, lässt sich nicht mehr rückgängig machen. Es hat die Welt entscheidend verändert. Es hat sie erlöst.

Wir haben die Erlösung oft zu sehr mit dem Tod Jesu verbunden. Der Tod Jesu ist sicher ein zentraler Ort, an dem Erlösung geschieht. Im Tod fasst Jesus sein Leben zusammen. Im Tod zeigt er, dass er nicht nur Worte verkündet hat, sondern mit seiner ganzen Existenz dafür eintritt. Im Tod kommt seine Liebe zur Vollendung. Und im Tod wird auch die vergebende Liebe Gottes, die Jesus während seines Lebens gepredigt hat, am deutlichsten offenbar.

Erlösungsreligion

In der theologischen Diskussion werden Schöpfungsreligionen und Erlösungsreligionen, Schöpfungsspiritualität und Erlösungsspiritualität gegeneinander ausgespielt. Da werden andere Religionen manchmal abqualifiziert, in ihnen ginge es nur um Lehre und Kult, aber sie würden keine Erlösung kennen wie wir Christen. Da werden andere religiöse Wege als Selbsterlösung abgelehnt, während das Christentum Erlösung durch Jesus Christus sei. Das sei das Zentrale und Wesentliche, dass Jesus uns erlöst habe. Ich liebe solche klaren Gegenüberstellungen nicht. Denn wenn ich sie genauer anschaue, stimmen sie nicht. Es gibt immer nur eine Spannung zwischen den beiden Polen: Schöpfung und Erlösung, Fremd- und Selbsterlösung, Glaube und Gnosis. Aber letztlich gehören immer beide Pole zusammen.

Eine einseitige Schöpfungstheologie steht in Gefahr, das Leid der Welt zu überspringen und nur um das eigene Wohlgefühl zu kreisen. Eine einseitige Erlösungstheologie wiederum steht in Gefahr, nur das Negative zu sehen. Dadurch kann sie eine aggressive Färbung bekommen. Beide Pole sind wichtig: Schöpfungsspiritualität und Erlösungsspiritualität, Danken und Bitten, Lobpreis für das Geschenk der Schöpfung und Ringen um Heilung und Erlösung, Einsatz für eine menschlichere Welt. Man könnte die Schöpfungsspiritualität weiblich nennen und die Erlösungsspiritualität männlich. Beide Pole sind wichtig: das dankbare Empfangen der guten Gaben der Schöpfung und der Kampf für Freiheit und Gerechtigkeit, für Heilung und Erlösung.

Auch die Alternative Fremd- und Selbsterlösung ist falsch gestellt. Es geht immer um eine gesunde Spannung dieser beiden Pole. Es stimmt auch nicht, diese beidem Pole den verschiedenen Religionen zuzuschreiben, also zu sagen: Christentum sei Fremderlösung, die anderen Religionen wie Buddhismus, Hinduismus und Islam seien Wege der Selbsterlösung. In jeder Religion geht es letztlich um Erlösung. Jeder Mensch, der sich Gott zuwendet, spürt, dass er seine Hilfe braucht, dass er allein auf sich gestellt mit seinem Leben nicht zurechtkommt. Und in jeder Religion ist es letztlich immer Gott, der erlöst, der uns die Augen öffnet und uns herausreißt aus Bedrohung und Not, aus Einsamkeit und Verlassenheit, aus Sünde und Schuld, aus Vergänglichkeit und Sterblichkeit. Aber in jeder Religion geht es auch darum, einen Weg zu gehen, der zum Leben führt, der uns von Fesseln löst und uns aus der inneren Versklavung befreit.

Was meinen wir, wenn wir sagen, Jesus Christus sei nicht nur irgendein Religionsstifter, sondern er habe uns erlöst? Zunächst ist die zentrale Botschaft des Christentums, dass Jesus nicht nur irgendein religiös begabter und spirituell eingeweihter Mensch war, sondern Gottes Sohn. Diese Aussage kann man nicht mehr beweisen. Sie ist Zentrum des Glaubens. Der Glaube versucht, sie zu verstehen. Was hießt es, dass Jesus Gottes Sohn ist? Ist er Sohn Gottes, so wie die Bibel alle Menschen Söhne und Töchter Gottes nennt? Das Neue Testament und die ihm folgende Theologie haben diesen Satz anders verstanden. In Jesus Christus ist Gott selbst Mensch geworden und hat Fleisch angenommen. Erlösung ist daher für uns Christen ein Handeln Gottes, das in der Menschwerdung in Jesus Christus gipfelt. In Jesus Christus ist etwas anders geworden mit der Menschheit. Da ist Gott nicht nur das Gegenüber geblieben, sondern er hat sich in die Geschichte hineinbegeben und in das Fleisch des Menschen inkarniert. Er hat die menschliche Natur in Jesus Christus geheilt, und zwar nicht nur die individuelle Natur des Rabbi aus Nazaret, sondern die gesamte menschliche Natur. Durch die Menschwerdung Gottes in Jesus Christus ist für uns alle etwas neu geworden. Wir sind erfüllt worden von göttlichem Leben, wir sind in Jesus Christus vergöttlicht worden. Gott hat in Jesus Christus seinen göttlichen Keim in unsere Natur und in die menschliche Geschichte gepflanzt. Und dieser Keim will in uns immer mehr aufgehen. Jeder Mensch, auch die Nichtchristen, sind durch die Menschwerdung Gottes in Jesus Christus berührt worden. Die Voraussetzung ihres Lebens ist verändert worden, auch wenn sie noch nichts von Christus gehört haben oder ihn sogar ablehnen.

Das Betrachten der vielen Bilder, mit der die Bibel uns das Geheimnis der Erlösung durch Jesus Christus zu erklären versucht, zeigt, dass Erlösung nicht auf den Augenblick des Kreuzestodes Jesu reduziert werden kann. Man kann also nicht sagen: Jesus ist gekommen, um für unsere Sünden zu sterben. Das würde so der biblischen Fülle der Erlösungsbilder nicht entsprechen. Man könnte nur sagen: Gott ist Mensch geworden, um das verwundete und dem Tod geweihte Leben des Menschen zu heilen und zu erlösen. Der Tod Jesu am Kreuz ist die Folge der Menschwerdung. Jesus ist ganz und gar Mensch geworden und hat damit alle geschichtlichen Zufälligkeiten angenommen. Für ihn endete sein irdisches Leben konkret am Kreuz. Warum das so geschehen ist, können wir nicht sagen. Wir können Gott nicht in die Karten sehen und dort entdecken, warum er so handelt, wie er es tut. Wir können nur im Nachhinein versuchen, das Geschehene zu deuten. Die Bibel deutet uns das Leben Jesu. Und sie hat von Anfang an gerade der Deutung des gewaltsamen Todes Jesu am Kreuz ihre besondere Aufmerksamkeit gewidmet. Denn zunächst war der Tod Jesu am Kreuz für die ersten Christen unverständlich und schockierend. Gerade weil es so unvorhersehbar war, hat die frühe Kirche in den biblischen Schriften versucht, das Geheimnis dieses Todes zu ergründen. Sie hat in den Schriften des Alten Testamentes nach Bildern und Worten gesucht, um zu zeigen, dass der Tod Jesu am Kreuz keine Katastrophe war, sondern im Gegenteil die Umwandlung allen Leids und aller Schuld. Das Grausame, das im Kreuz Jesu sichtbar wird, ist von Gott verwandelt worden in einen Akt der Liebe und in einen Ort der Freiheit und Erlösung. Das Kreuz wurde in der Meditation der biblischen Autoren immer mehr zur zentralen Tat Gottes an uns Menschen, zum Zeichen, dass alles verwandelt und alles erlöst ist, selbst der Tod, selbst die Schuld, selbst die Ausweglosigkeit und das Scheitern menschlichen Lebens. Aber die Bibel sieht das Kreuz nie ohne die Auferstehung. Kreuz und Auferstehung Jesu sind der Schlüssel zur Umdeutung und Umwandlung unseres Lebens, zur Erlösung und Befreiung, zur Heilung und Vergöttlichung...

Die Erlösung durch Jesus Christus ist aber nicht nur Trost und Zuspruch, sondern auch Herausforderung. Sie fordert mich heraus, im Geist Jesu zu leben, einen spirituellen Weg zu gehen, die Haltungen zu verwirklichen, die Jesus als Zeichen echter Menschlichkeit vorgelebt hat. Und die Erlösung will mich auf den Weg schicken, diese Welt im Geiste Jesu zu verwandeln, mich zu engagieren für eine gerechtere und heilere Welt, mich für die Armen und Notleidenden einzusetzen und meine Stimme zu erheben für die, die am Rande unserer Gesellschaft leben. Die Erlösung durch Jesus Christus will sich durch das befreiende und erlösende Handeln der Christen in dieser Welt auswirken und vollenden.

Heilung als Versöhnung

Versöhnung ist ein zentraler Begriff der paulinischen Theologie. Im 2. Korintherbrief spricht Paulus davon, dass Gott uns »durch Christus mit sich versöhnt und uns den Dienst der Versöhnung aufgetragen hat2. (2 Kor 5,18) Paulus geht davon aus, dass die Menschen sich von sich selbst entfremdet und dadurch auch den Kontakt zu Gott verloren hatten. Gott hat in Jesus Christus die Initiative ergriffen und in seinem Tod am Kreuz den Abgrund überwunden, der die Menschen von Gott und von sich selbst getrennt hat. Gott ist in Jesus auf den Menschen zu gegangen und zwar in seine letzte Einsamkeit und Verlassenheit hinein. Dort am Kreuz hat er die tiefste Entfremdung des Menschen von sich selbst und von Gott aufgehoben. Versöhnung ist also ein Tun Gottes an uns. Doch nun sollten wir auf diese Tat Gottes antworten: »Wir bitten an Christi Statt: Lasst euch mit Gott versöhnen!« (2 Kor 5,20) Wir müssen selber mitwirken, dass in uns Versöhnung geschehen kann.

Das lateinische Wort »reconciliatio« meint ursprünglich die Wiederherstellung von Freundschaft, die Versöhnung. Das dazugehörige Verb »reconciliare« heißt: wieder verschaffen, wieder herstellen, wieder vereinigen, versöhnen, wieder gesund machen. Die ursprüngliche Bedeutung meint also, dass Christus durch seinen Tod am Kreuz die Menschen, die sich von Gott abgewandt hatten, wieder in die Freundschaft zu ihm zurückführt. Versöhnung bedeutet daher auch, dass wir freundschaftlich mit uns selbst umgehen, dass wir uns alles, was in uns ist, zum Freund machen. Viele Menschen haben weder zu Gott eine Beziehung, noch zu sich selber. Versöhnung heißt, dass sie erst einmal in Berührung kommen mit sich selbst. Dann erst werden sie fähig, auch die Beziehung zu andern und zu Gott auf zu nehmen.

Die Grundaussage der Bibel ist, dass Gott uns Menschen mit sich versöhnt hat. Gott braucht nicht versöhnt zu werden. Er ist in sich Liebe und Langmut. Doch der Mensch, der schuldig geworden ist, hat sich innerlich von Gott getrennt. Schuld heißt immer Spaltung. Wenn ich Schuld auf mich lade, habe ich immer den Eindruck, dass ich den Menschen nicht mehr unter die Augen treten kann und dass ich mich – wie Adam und Eva – vor Gott verstecken muss. Die Botschaft von der versöhnenden Liebe Gottes, die diese innere Spaltung überwindet, ermöglicht es mir, alles, was in mir ist, Gott hinzuhalten. Das Kreuz Jesu bewirkt nicht die Vergebung. Gott vergibt nicht, weil Jesus am Kreuz gestorben ist, sondern weil er Gott ist. Aber für uns ist das Kreuz die wirksamste Vermittlung der Vergebung. Wenn ich sehe, dass Jesus am Kreuz seinen Mördern vergibt, darf ich vertrauen, dass es nichts in mir gibt, was nicht vergeben wird. So stärkt das Kreuz mein Vertrauen in die vergebende Liebe Gottes. Wenn ich das Kreuz meditiere, weiß ich: ich bin bedingungslos von Gott angenommen. Auch meine Schuld trennt mich nicht von ihm.

Die Versöhnung geht von Gott aus. Doch auch ich muss mich mit Gott versöhnen. In mir ist oft Rebellion gegen Gott. Ich kann ihm nicht verzeihen, dass er mich so geschaffen hat, wie ich bin. Ich kann ihm nicht vergeben, dass er mir diese Lebensgeschichte zugemutet hat, dass er mich nicht vor meinen Fehlern und meiner Schuld bewahrt hat. Und so muss ich auch Gott vergeben, dass er so ist, wie er ist, und nicht so, wie ich ihn gerne haben möchte. Ich muss ihm vergeben, dass er mich in die Situation gestellt hat, mit der ich mir so schwer tue. Letztlich verlangt die Versöhnung mit Gott, dass ich meine Gottesbilder und mein Selbstbild loslasse und mich dem unbegreiflichen Geheimnis Gottes überlasse. Dann erfahre ich wahren Frieden und Versöhnung mit Gott.

Versöhnung mit Gott besagt aber noch etwas anderes. Wenn ich Gott erfahre, erfahre ich immer auch Versöhnung, nicht nur mit Gott, sondern mit allem, was ist. Ich habe eine Frau begleitet, die in ihrer jahrelangen Therapie ihre Mutterwunden angeschaut hat. Alles Anschauen hat ihr nicht geholfen, sich wirklich mit der Mutter zu versöhnen. In einem Gottesdienst hat sie Gottes heilende Nähe gespürt. Und auf einmal war sie eins mit sich und einverstanden mit ihrem Leben. Es war kein Haß mehr auf die Mutter da, sondern nur noch Liebe. Wirkliche Gotteserfahrung ist immer auch Erfahrung von Versöhnung. Wenn ich mit Gott eins bin, bin ich mit allem eins, mit mir selbst, mit den Menschen, mit meinem Leben, mit Gott. Ich erlebe einen tiefen inneren Frieden. Doch ich kann diese Erfahrung von Versöhntsein nicht festhalten. Es ist immer nur ein Augenblick, in dem ich eins bin mit Gott. Doch dieser eine Augenblick zeigt mir, was Versöhnung in Wahrheit ist: Eins sein mit allem, was ist. Einverstanden sein mit dem unbegreiflichen Gott und mit dem, was er mir zugedacht hat.

Versöhnung ist ein wichtiger Weg der Heilung. Heilung bedeutet nicht, dass uns Gott die Wunden wegnimmt, sondern dass uns die Wunden für Gott öffnen und wir in Gott heil werden und ganz. Zu unserer Identität gehören unsere Wunden. Sie trennen uns weder von Gott, noch von unserem wahren Selbst. Im Gegenteil, sie brechen uns auf für unser wahres Selbst, für das ursprüngliche und unverfälschte Bild Gottes in uns. Wer sich mit sich, mit den Menschen und mit Gott versöhnt, der erlebt sich als neuer Mensch. Paulus drückt das so aus: »Wenn also jemand in Christus ist, dann ist er eine neue Schöpfung: Das Alte ist vergangen, Neues ist geworden.« (2 Kor 5,17)

Therapeutische Dimensionen des Kirchenjahres

Lukas gilt als der Theologe des Kirchenjahres. Die wichtigsten Feste sind seinem Evangelium entnommen. Und Lukas schreibt siebenmal vom »Heute«. Der Engel verkündet den Hirten die Geburt Jesu mit den Worten: »Heute ist euch in der Stadt Davids der Retter geboren.« (Lk 2,11) Bei der Taufe heißt es: »Heute habe ich dich gezeugt.« Bei der ersten Predigt in Nazaret sagt Jesus: Heute hat sich das Schriftwort, das ihr eben gehört habt, erfüllt.« (Lk 4,21) Bei der Heilung des Gelähmten spricht das Volk voller Betroffenheit: »Heute haben wir etwas Unglaubliches gesehen.« (Lk 5,26) Zum Zöllner Zachäus spricht Jesus zweimal vom Heute. Und am Kreuz antwortet er dem rechten Schächer: Heute noch wirst du mit mir im Paradies sein.« (Lk 23,43) Lukas stellt sich das Wirken Jesu als ein Heilsjahr vor. Was damals geschah, wird in den Festen des Kirchenjahres immer wieder gefeiert, damit es heute an uns geschieht. So kann sich das Heil immer tiefer in die Geschichte eingraben. Das gilt nicht nur von der Gesamtgeschichte, sondern auch von unserer persönlichen Lebensgeschichte. Wir feiern immer wieder das Heil, das Jesus damals an Menschen wirkte, damit sich dieses Heil in unsere Lebensgeschichte einprägt und sie immer mehr heilt.

C.G. Jung, der Schweizer Psychologe, spricht vom Kirchenjahr als therapeutischem System. An den Festen wird nicht nur das Heil dargestellt, das damals in Jesus an den Menschen geschehen ist, sondern wesentliche Themen der menschlichen Seele werden angesprochen und zum Ausdruck gebracht. An den Festen geht es sowohl um Gefährdungen der menschlichen Seele als auch um ihre Heilung. So hat jedes Fest letztlich eine heilende Wirkung auf den Menschen. Ich möchte das nur an ein paar Beispielen darstellen: Die Adventszeit bringt uns mit unserer Sehnsucht in Berührung. Heute leiden viele Menschen unter Süchten. Sucht ist immer verdrängte Sehnsucht. Die Adventszeit hat die therapeutische Aufgabe, die Süchte wieder in Sehnsucht zu verwandeln. Damit wird die Sucht in unserem Grund geheilt. Vor einigen Jahren hat mich der Chefarzt einer Schweizer

Klinik zu einer Suchttagung eingeladen, ich sollte einen Vortrag halten mit dem Thema: »Sucht in Sehnsucht verwandeln«. Er als Arzt und Therapeut war davon überzeugt, dass man Sucht nicht allein durch Disziplin oder Verhaltenstherapie zu heilen vermag, sondern letztlich nur, indem der Süchtige sich seiner Sehnsucht stellt. Die Sehnsucht ermöglicht es ihm, ja zu sagen zu seiner Durchschnittlichkeit. Und sie ermutigt ihn, aus dem Nest seiner Mutterbindung heraus zu gehen und sich dem Leben zu stellen. Denn das Leben selbst muss gar nicht seine Sehnsucht erfüllen. Das vermag allein Gott. Dieses Wissen befähigt uns, unser Leben in seiner Brüchigkeit anzunehmen, ohne daran zu zerbrechen. Die Sehnsucht wird durch Erfüllung und Enttäuschung geweckt. Statt über die Enttäuschung zu jammern, weiß ich, dass sie meine Sehnsucht anstachelt und mich auf diese Weise lebendig hält.

Weihnachten ist nicht nur ein mystisches Fest, sondern ebenso ein therapeutisches. Wenn Gott in mir geboren wird, dann komme ich mit meinem ursprünglichen, unverletzten und unverfälschten Bild in Berührung. Ich finde mein wahres Selbst. Und wir feiern an Weihnachten, dass Gott mit uns einen neuen Anfang feiert. Wir sind nicht festgelegt auf unsere Vergangenheit, auf die Verletzungen unserer Lebensgeschichte, auf die Versäumnisse und auf das ungelebte Leben, an dem viele heute leiden. Weihnachten ist also ein wichtiges Fest unserer Selbstwerdung.

In der Fastenzeit geht es nicht nur um körperliche, sondern auch geistige Reinigung. Wir brauchen immer wieder eine solche Reinigungskur, um uns von dem seelischen Ballast zu befreien, der sich in uns ansammelt. Wir müssen unsere Emotionen reinigen, damit wir nicht beitragen zur emotionalen Umweltverschmutzung. Wir müssen die Bitterkeit läutern, die uns sonst innerlich vergiften würde. Und wir üben uns ein in die innere Freiheit. Wir beweisen uns, dass wir noch selbst über unser Leben bestimmen und nicht bestimmt werden von unseren Bedürfnissen. Askese ist die Bedingung für das Gefühl, noch selbst sein Leben formen zu können, anstatt den Veranlagungen meines Charakters hoffnungslos ausgeliefert zu sein. An Ostern feiern wir die Freiheit von allen Fesseln. Und wir üben uns die 50 Tage der Osterzeit ein in die Lebendigkeit, die uns Christus durch seine Auferstehung geschenkt hat. Auch der Auferstehungsweg ist ein therapeutischer Weg. Er möchte das Leben, das in uns ist, zur Blüte bringen. Das ist ja auch das Ziel jeder Therapie, dass der Mensch fähig wird zu leben und nicht einfach nur dahin vegetiert. Lebendigkeit ist immer Zeichen von seelischer Gesundheit.

Ostern gipfelt im Pfingstfest. Die 50 Tage sind Symbol für die Ganzwerdung des Menschen. Und sie zeigen, dass der Mensch ganz und gar vom Heiligen Geist durchdrungen ist. Wenn er vom Geist Gottes durchdrungen ist, dann ist er wahrhaft gesund, dann ist er gerecht, richtig. Dann ist er frei. Lukas schildert uns das in drei Bildern. Der Heilige Geist kommt wie ein Sturm daher. Er bringt die Jünger in Bewegung und treibt aus ihnen alles Verstaubte heraus, alles, was sich an depressiver und nörgelnder Stimmung in ihnen festgesetzt hat. Der Heilige Geist lässt sich in Feuerzungen auf den Jüngern nieder. Henry Nouwen meint, viele seien heute ausgebrannt. Wenn sie reden, klingen ihre Worte wie aus einem leeren Kanister. Pfingsten lädt uns ein, die innere Glut in uns wieder zu entdecken. Wenn wir mit unserer Glut in Berührung kommen, dann bekommt auch unsere Sprache wieder etwas Zündendes, etwas Wärmendes. Viele Politiker und Wirtschaftler sprechen heute eine kalte Sprache, die uns frieren lässt. Nur eine wärmende Sprache, eine Sprache, die aus der Glut des Herzens kommt, vermag die Menschen zu heilen und miteinander zu verbinden. Sie lässt die Menschen im Haus des Wortes wohnen. Eine kalte Sprache vertreibt die Menschen. So ist das dritte Bild für Pfingsten das Sprachwunder. Die Menschen verstehen die Sprache der Jünger. Das ist auch ein Kriterium für Heilung, dass wir mit unserer Sprache das ausdrücken, was das Herz fühlt, und dass wir damit andere erreichen und berühren.

Der Auferstehungsweg

Wir feiern nicht nur das Osterfest, sondern auch die 50 Tage Osterzeit. Die Liturgie dieser Zeit ist geprägt durch besonders frohe Gesänge. Das Halleluja wird öfter als sonst gesungen. Jede Zeit des Kirchenjahres ist eine heilende Zeit. Die Fastenzeit ist eine Zeit der Reinigung und Entschlackung. Die Osterzeit dagegen ist die Zeit, die Lebendigkeit zu lernen. Sie ist ein Weg in immer größere Lebendigkeit.

Wir hören in der Osterzeit nicht nur die Erzählungen von der Auferstehung Jesu, wie sie uns die vier Evangelisten überliefern, sondern, während der Woche, immer auch Texte aus der Apostelgeschichte und dem Johannesevangelium. Die Apostelgeschichte zeigt uns, wie die Jünger Jesu aus ihrer Angst aussteigen und den Mut finden, das Evangelium in der ganzen Welt zu verkünden. Lukas schildert uns viele Auferstehungsgeschichten. Er erzählt, wie auf ein Wort des Petrus hin ein Gelähmter aufsteht und umherspringt und Gott lobt. Die ungebildeten Jünger halten vor dem Hohen Rat eine Rede und widersprechen den Worten des Hohenpriesters. Als die Apostel verhaftet werden, führt sie ein Engel des Herrn wieder aus dem Gefängnis heraus und sie treten wieder furchtlos im Tempel auf. Als die Gemeinde nach dem Tod des Stephanus verfolgt wird und sich zerstreut, verwandelt Gott die scheinbare Niederlage in einen Sieg. Denn auf diese Weise wird die Frohe Botschaft überall verkündet und überall blühen christliche Gemeinden auf. Paulus, der fanatischste Verfolger, stürzt zu Boden, als er dem Auferstandenen begegnet, und steht als neuer Mensch auf, der wie kein anderer die Botschaft der Gnade und Freiheit als das Geheimnis der Auferstehung Jesu verstanden hat. Lukas zeigt uns, wie die Auferstehung Jesu in der Geschichte weitergeht, nicht nur in der persönlichen Lebensgeschichte der einzelnen, die ausbrechen aus ihren alten Mustern, sondern auch in der Geschichte der Kirche, die von nun an die Weltgeschichte prägen wird. In der Osterzeit geht es daher einmal um unsere persönliche Lebensgeschichte. In ihr soll aufstehen, was darniederliegt. In ihr soll aufbrechen, was erstarrt ist, aufblühen, was verdorrt ist. Aber es geht auch um unsere Geschichte in der Welt. Wir feiern in jedem Jahr die 50 Tage Osterzeit, damit in dieser Welt erstarrte Fronten in der Politik aufbrechen, damit neue Wege des Friedens möglich werden und aus Streit und Zwietracht ein neues Miteinander wird, so wie Lukas es uns beim Entstehen der frühen Kirche beschreibt: »Die Gemeinde der Gläubigen war ein Herz und eine Seele.« (Apg 4,32)

Göttliches im Irdischen: Die Auferstehungstheologie des Johannesevangeliums setzt andere Akzente. Da geht es darum, die Augen zu öffnen und das göttliche Leben mitten im Irdischen zu entdecken. Das Gespräch mit Nikodemus zeigt die neue Geburt des Christen. Wir sollen nicht nur aus der Welt leben, sondern in der Welt aus der neuen Wirklichkeit Jesu Christi. Ostern heißt, dass die Welt keine Macht mehr über uns hat. Wir sind dieser Welt mit ihren Maßstäben gestorben. Wir hören auf, uns von der Zustimmung oder Ablehnung der Menschen her zu definieren. Wir definieren uns von Gott her. Das macht uns innerlich frei. Das Johannesevangelium zeigt uns in den irdischen Dingen ein Symbol für das eigentliche Leben. Das Brot wird Bild für das Brot des Lebens, das Jesus Christus selbst ist. Wer von diesem Brot isst, wird leben in Ewigkeit. Der Hirt, den wir mit seinen Schafen auf der Weide beobachten können, wird zum Bild für Jesus Christus, der als der gute Hirt sein Leben für uns gegeben hat, damit wir das Leben haben und damit wir es in Fülle haben. Die Tür wird zum Bild für Christus, der uns die Tür aufschließt zum innersten Kern unserer Seele und zum wahren Leben mitten in der Uneigentlichkeit der Welt. Und schließlich hören wir in der Osterzeit die Worte Jesu aus den Abschiedsreden. Es sind Worte, die der Auferstandene jetzt an uns richtet, Worte, die in sich schon Himmel und Erde verbinden, die den Tod überwinden und uns hier mitten in der Welt schon einen Geschmack des Himmels und des ewigen Lebens vermitteln möchten.

»Vergnügt, erlöst, befreit«

Ich bin vergnügt, erlöst, befreit,
Gott nahm in seine Hände meine Zeit.
Mein Fühlen, denken, Hören, Sagen,
mein Triumphieren und Verzagen,
das Elend und die Zärtlichkeit.
Was macht's, dass ich so fröhlich bin
In meinem kleinen Reich?
Ich sing und tanze her und hin
Vom Kindbett bis zur Leich.
Was macht's, dass ich so furchtlos bin,
an vielen dunklen Tagen?
Es kommt ein Geist in meinen Sinn,
will mich durchs Leben tragen.
Was macht's, dass ich so unbeschwert
Und mich kein Trübsinn hält?
Weil mich mein Gott das Lachen lehrt,
wohl über alle Welt

HANNS DIETER HÜSCH (1925–2005)

Der rheinische Kabarettist und Protestsänger Hanns Dieter Hüsch gibt mit seinem fröhlichen Gedicht eine Antwort auf die mittelalterliche Frage: »Ich weiß nit, warum ich so fröhlich bin«. Hüsch erweitert diese Frage, indem er ihr zwei andere Fragen zur Seite stellt: »Was macht's, dass ich so furchtlos bin?« und »Was macht's, dass ich so unbeschwert und mich kein Trübsinn hält?« Die Antworten, die Hüsch gibt, sind die Antworten des Glaubens. Da ist einmal die Gewissheit, dass Gott meine Lebenszeit mit allen Höhen und Tiefen in seine Hand nimmt. Alles, was geschieht, alle meine Stimmungen, meine Triumphe und Niederlagen sind in Gottes guter Hand. Daher bin ich in jeder Situation in Gottes Hand, in die ich mich ergeben kann, von der ich auch getragen bin, ganz gleich, was geschieht. Die zweite Antwort: Gottes Geist strömt in mich ein. Es ist der Heilige Geist, der mir alle Angst nimmt, weil er mich mit Gottes Kraft ausstattet. Und die dritte Antwort verweist auf den Gott, der mich das Lachen lehrt »wohl über alle Welt«. Gott lehrt mich das Lachen, weil er der Welt ihre Macht nimmt. Die Welt ist für den, der glaubt, nicht bedrohlich. Er ist befreit von den Maßstäben dieser Welt, nicht mehr dem Druck ausgesetzt, sich überall beweisen und rechtfertigen zu müssen. Vor Gott dürfen wir einfach sein. Da dürfen wir fröhlich tanzen, selbst »bis zur Leich«. Unbeschwert, unangefochten auch von Todesangst, können wir durch das Leben gehen, weil Gottes Engel uns beflügeln und uns Anteil schenken an ihrer Leichtigkeit.

III.

Jesus – Tor zum Leben

Jesus der Spalter

»Meint ihr, ich sei gekommen, um Frieden auf die Erde zu bringen? Nein, sage ich euch, nicht Frieden, sondern Spaltung. Denn von nun an wird es so sein: Wenn fünf Menschen im gleichen Haus leben, wird Zwietracht herrschen: Drei werden gegen zwei stehen und zwei gegen drei, der Vater gegen den Sohn und der Sohn gegen den Vater, die Mutter gegen die Tochter und die Tochter gegen die Mutter, die Schwiegermutter gegen die Schwiegertochter und die Schwiegertochter gegen die Schwiegermutter.« (Lukas 12, 51–53)

Wer eine Gruppe spaltet, der ist innerlich selbst gespalten. Wer mit sich versöhnt ist, der kann auch versöhnend auf andere wirken. Von dieser psychologischen Einsicht her dürfte Jesus kein Spalter sein. Denn wir gehen davon aus, dass er mit sich selbst eins war und dass er im Einklang mit Gott lebte. Dennoch überliefert uns Lukas diese provozierenden Worte Jesu.

Es sind Worte, die seine Zuhörer damals herausforderten. Vielleicht ärgern sie auch manchen Leser. Was meinte Jesus mit dem Wort Spaltung? Im Griechischen steht hier »diamerismos« (»Entzweiung, Zwiespalt«). Matthäus überliefert uns an dieser Stelle das wohl ursprünglichere Wort »Schwert«. (Matthäus 10, 34). Für Lukas klingt das zu gewaltsam. Daher ersetzt er es mit »Entzweiung«, »Spaltung«. Jesus fordert nicht zur Trennung und Spaltung auf. Aber an ihm scheiden sich die Geister, weil er sich nicht anpasst. Wenn Jesus spricht, dann entscheiden sich die einen für ihn, die anderen gegen ihn. Jesus spricht nicht so unverbindlich, dass keiner etwas gegen ihn hat. Er fordert die Menschen heraus. Und das führt dazu, dass manche sich seiner Herausforderung verweigern. Das kann, so kündigt Jesus an, sogar Familien vollkommen spalten, zerreißen. Jesus ist es wichtig, dass jeder für sich entscheidet und sich nicht aus falscher Rücksicht nach den anderen richtet. Die Grundentscheidung über sein Leben muss jeder selbst treffen. Es geht darum, das eigene Leben zu leben.

Jesus spaltet nicht, weil er in sich gespalten ist. Er deckt nur die Zerrissenheit der Menschen auf. Er enthüllt scheinbar harmonischen Familien, dass ihr Miteinander nur Schein ist, dass sie sich aneinander angepasst haben, nicht aus Liebe, sondern aus Bequemlichkeit. Doch hinter dieser Anpassung hat sich viel Aggression angesammelt, die die Familie in sich zerreißt. Jesus provoziert mit seinem Wort, damit jeder sich für oder gegen ihn entscheidet, damit jeder sich für den Weg entscheidet, den ihm Gott zutraut, damit er auf seinem urpersönlichen Weg zum Leben kommt.

Die Provokation durch das Wort Jesu könnte man verstärken, indem man Jesus einen Hacker nennt. Er bringt Sand in das Getriebe großer Firmen, die ihre Computer vernetzt haben und meinen, sie hätten nun alles im Griff. Jesus hat mit seiner Liebe, die in seinem Tod am Kreuz gipfelte, die ganze Software einer nur auf Gewinn ausgehenden Gesellschaft durcheinander gebracht. Er spaltet, damit die Menschen endlich nachdenken, was sie wirklich wollen. Jesus spaltet immer dann, wenn er spürt, dass Menschen sich ein festes Lebensgebäude errichtet haben, hinter dem sie sich verstecken.

An Jesus dem Spalter ist mir aber noch ein anderer Aspekt wichtig: Viele Menschen haben sich noch nie für ihren eigenen Weg entschieden. Sie leben in einer unbewussten Symbiose mit den anderen Menschen, gerade mit ihrer Familie. Sie richten sich nach dem, was die anderen von ihnen erwarten. Jesus fordert uns heraus, den eigenen Weg zu suchen und das eigene Selbst zu entdecken. Das gelingt nur über eine Distanzierung von den Wünschen anderer. Solange ich innerlich noch an sie gebunden bin, schlängele ich mich durch zwischen der Anpassung an die anderen und den eigenen Wünschen. Aber ich komme nie zu mir.

Erst wenn ich auf eigenen Füßen stehe, kann ich wirklich mit meinen Mitmenschen in Freiheit kommunizieren. Erst dann kann Begegnung geschehen. Solange wir miteinander verwoben sind und unsere Grenzen nicht klar sind, könnten wir weder das Geheimnis des anderen noch unsere eigene Identität erkennen. Jesus will das Miteinander von reifen Menschen, von selbständigen Menschen. Und das verlangt zuvor die Spaltung, die Distanzierung, das Sich-Abgrenzen. Erst auf diesem Weg wird ein fruchtbares Miteinander möglich.

Jesus der freie Mensch

Jesus ist innerlich frei. Er richtet sich nicht nach den Erwartungen der Menschen, sondern allein nach dem Willen Gottes. Mit seiner inneren Freiheit provoziert er Menschen, die in sich gefangen sind. Er nimmt den Konflikt mit ihnen in Kauf.

Die innere Souveränität Jesu wird besonders gut in der Szene von der kaiserlichen Steuer sichtbar. Da wollen ihn einige Pharisäer in eine Falle locken. Sie müssen zwar selbst zugeben: »Meister, wir wissen, dass du immer die Wahrheit sagst und dabei auf niemand Rücksicht nimmst; denn du siehst nicht auf die Person, sondern lehrst wirklich den Weg Gottes.« (Markus 12, 14) Jesus hat offensichtlich auch auf sie den Eindruck gemacht, dass er unbestechlich ist, dass er innerlich frei ist. Er muss sich nicht nach den Menschen richten, sondern er handelt aus seinem inneren Gespür heraus. Doch dann stellen sie ihm eine Falle. Sie fragen: »Ist es erlaubt, dem Kaiser Steuer zu zahlen, oder nicht? Sollen wir sie zahlen oder nicht zahlen?« (Markus 12, 14)

Das scheint eine harmlose Frage zu sein. Doch in der damaligen Situation war sie hochbrisant. Denn ganz gleich, wie Jesus antwortet, wird er sich Feinde machen. Wenn er die Bezahlung der kaiserlichen Steuer ablehnt, dann werden ihn die Anhänger des Herodes bei den Römern anklagen. Das wird zu seinem Tod führen. Wenn er die Steuer befürwortet, dann hat er die Zeloten gegen sich, die sich gegen die Steuer wandten und großen Einfluss auf das Volk hatten. So würde sich bei der Befürwortung der Steuer ein großer Teil des Volkes von Jesus abwenden. Die Pharisäer waren selbst unentschieden. Ihr Verständnis vom Gesetz Gottes lehnte die Steuer ab. Denn das Gesetz Gottes rechtfertigte die Steuer nicht. Sie konnte nur als harte Schickung Gottes verstanden werden.

Die meisten Pharisäer haben sich jedoch widerstrebend mit der Steuer abgefunden. Ihre Frage ist also hinterhältig. Sie wollen Jesus in eine Falle locken. Sie selbst sind zu einer klaren Antwort unfähig und erwarten von Jesus, dass er eindeutig Stellung bezieht. Die Reaktion Jesu zeigt, wie souverän er ist, dass er sich von niemandem in die Enge treiben lässt. Er lässt sich in seinem Verhalten nicht die Spielregeln seiner Gegner aufzwingen. Er reagiert nicht, sondern er agiert, er übernimmt die Initiative. Er durchschaut die Fragesteller und sagt zu ihnen: »Warum stellt ihr mir eine Falle? Bringt mir einen Denar, ich will ihn sehen.« (Markus 12, 15) Die Fragesteller haben offensichtlich einen Denar, eine Steuermünze, bei sich. Auch das zeigt ihre Heuchelei. Sie zahlen ja schon die Steuer. Was wollen sie dann von Jesus wissen? Offensichtlich projizieren sie ihre eigenen Probleme auf Jesus. Weil sie die römische Steuer mit schlechtem Gewissen bezahlen, wollen sie Jesus dazu benutzen, ihr Problem zu lösen. Sie wollen ihm ihr schlechtes Gewissen aufbürden und ihn mit ihrer Frage in die Enge treiben. Doch Jesus bringt sie mit einer Gegenfrage in Bedrängnis: »Wessen Bild und Aufschrift ist das?« Sie wissen es genau: »Des Kaisers.« Und nun schlägt sie Jesus endgültig mit seiner Antwort, die die Genialität seines Geistes zeigt: »So gebt dem Kaiser zurück, was dem Kaiser gehört, und Gott, was Gott gehört!« (Markus 12, 17) Was der Staat den Bürgern gibt, die Rechtssicherheit, die Infrastruktur, die Alterssicherung usw., das gehört dem Staat, dem Kaiser. Das sollen sie ihm getrost zurückgeben. Aber sie als Menschen gehören Gott. Sie tragen Gottes Bild in sich. Daher sollen sie sich als Menschen Gott zurückgeben, Gott allein gebührt Anbetung und Ehre.

In dieser Antwort an die pharisäischen und herodianischen Fragesteller zeigt sich für mich die absolute innere Freiheit Jesus. Woher nimmt Jesus diese Souveränität? Woher kommt seine Freiheit im Umgang mit Menschen, die ihm eine Falle stellen wollen? Für mich besteht die

Antwort darin: Jesus ruht in Gott. Er steht fest in Gott. Er lebt aus einer anderen Dimension heraus. So können ihm Menschen nichts anhaben.

Ich möchte teilhaben an Jesu Freiheit. Ich möchte mich wie Jesus den Spielregeln der Menschen entziehen können, die mich oft genug in die Enge treiben. Jesus verweist mich auf Gott. Wenn ich Gott gehöre, dann hat kein Mensch Macht über mich. Jesus spricht anders von Gott, als es in den Predigten geschah, die ich in meiner Jugendzeit gehört habe. Dort wurde Gott dazu benutzt, dass ich mich anpasse, dass ich die Macht der Menschen respektiere. Jesus verkündet einen Gott, der mir Freiheit schenkt, die mich befreit von dem Zugriff der Menschen, die mich in ihren Griff bekommen möchten.

Jesus die Auferstehung

Johannes erzählt uns eine Geschichte, um zu zeigen, was Jesus meinte mit dem Wort: »Ich bin die Auferstehung.« Jesus weckt den toten Lazarus auf, der schon vier Tage im Grab ruht. Seine Füße und Hände sind mit Binden umwickelt, sein Gesicht von einem Schweißtuch umhüllt. Er liegt hinter einem Stein und riecht schon. Wer hinter dem Stein der Beziehungslosigkeit liegt, der ist abgeschnitten vom Leben. Bei dem geht alles in Verwesung über. Es bekommt alles einen üblen Geruch. Er hat ein Schweißtuch über dem Gesicht. Er ist nur noch Maske. Das Eigentliche lebt nicht. Er ist gebunden an Händen und Füßen. Er ist nicht wirklich frei. Auferweckung heißt, dass Jesu Wort der Liebe durch den Stein hindurch den Freund erreicht. Das Wort der Liebe bringt den Freund zum Leben. Es löst die Binden die ihn umwickeln und einengen. Es befreit ihn von der Maske, hinter der er sich versteckt. In der Auferweckung des Lazarus wird deutlich, dass der, der an Jesus glaubt, leben wird, auch wenn er stirbt. Er wird im Tod nicht aus der Liebe herausfallen. Die Liebe ist stärker als der Tod. Sie durchdringt jeden Stein, sie löst jede Erstarrung. Unser Leib wird zwar im Tod sterben, aber nicht unser wahres Selbst. Der Glaube greift über den Tod hinaus in das ewige Leben. Im Glauben sind wir schon jetzt vom Tod zum Leben übergegangen, von der Erstarrung in die Lebendigkeit, von der Beziehungslosigkeit in die Liebe.

Mir ist das Wort, dass Jesus die Auferstehung sei, neu aufgegangen durch den Roman »Schuld und Sühne« des russischen Schriftstellers Dostojewski. Dostojewski hat seinem Roman den biblischen Text von der Auferweckung des Lazarus als Motto vorangestellt. Sonja, die aus Armut zur Dirne geworden ist, liest diese Geschichte dem Mörder Raskolnikoff vor. Im Roman wird sie dann selbst zu Jesus, der den Lazarus aus seinem Grab hervorlockt. Mit ihrer Liebe löst sie das erstarrte Herz des Mörders und weckt in ihm die Liebe. Sie verwandelt den beziehungslosen Gefangenen, der seine Mitgefangenen mürrisch und abweisend behandelt, in einen liebenden Menschen. Ich finde es sehr mutig, dass Dostojewski Jesu Gestalt in einer Frau verkörpert. Sonja, die Dirne, lebt das Geheimnis, dass Jesus die Auferstehung ist. Von Raskolnikoff schreibt Dostojewski: »Er war auferstanden und er wusste es, fühlte es ganz und gar mit seinem neuen Wesen, sie aber – sie lebte ja doch bloß in ihm.« Wenn eine Frau einen Mann oder ein Mann eine Frau durch die Liebe zum Leben weckt, dann geschieht Auferstehung, dann wird offenbar, was Jesus mit seinem Wort meint: »Ich bin die Auferstehung.« Jesus war für Sonja die Quelle ihrer Liebe, die sich von der jahrelangen Abweisung und Härte des Mörders nicht abschrecken ließ. Sie hat in Jesu Liebe die Kraft der Auferstehung gespürt und wurde so fähig, den beziehungslosen und in sich gebundenen Mann zum Leben und zur Liebe zu wecken.

Jesus mein Leben

Im Philipperbrief schreibt Paulus: »Für mich ist Christus das Leben, und Sterben Gewinn.« (Philipper 1, 21) Welche Erfahrung hat Paulus mit Jesus gemacht, dass er diesen Satz schreiben kann?

Die Exegeten streiten, was in diesem Satz Subjekt und Prädikat ist. Ursprünglich war wohl Leben das Subjekt: »Für mich ist das Leben Christus. Für mich besteht das Leben in Christus.« Christus und das Leben sind für Paulus so identisch miteinander, dass sie austauschbar sind. Ohne Christus ist sein Leben kein wirkliches Leben. Und alles wirkliche Leben hat er in Christus gefunden. Ohne Christus ist für ihn alles tot, nur Scheinleben.

Paulus hat am eigenen Leib erfahren, dass Jesus ihn befreit hat von allem Leistungsdruck. Er muss sich sein Heil nicht mehr selbst verdienen. Er hat in Jesus erfahren, dass da einer für ihn gestorben ist, dass er deshalb vor aller Leistung von Gott bedingungslos geliebt ist. Er muss sich nicht mehr selbst rechtfertigen und ›richtig‹ machen. Die Liebe Gottes, die in Jesus erschienen ist, hat ihn ›gerechtfertigt‹. Sie hat ihm vermittelt, dass er leben darf, dass es gut ist, dass es ihn gibt. Er darf nun sein eigenes Leben leben. Christus hat ihn zu sich selbst befreit. Jetzt kann er aufatmen und leben. Das ist die entscheidende Erfahrung im Leben des Paulus. Sie hat ihn ganz und gar umgewandelt, aus einem engherzigen und kleinlichen Gesetzesmenschen hin zu einem freien und der Gnade Gottes vertrauenden Menschen.

In einem anderen Brief beschreibt Paulus diese Erfahrung so: »Ich bin mit Christus gekreuzigt worden; nicht mehr ich lebe, sondern Christus lebt in mir.« (Galater 2, 19f) Das Ego mitsamt dem Gesetz dieser Welt ist für Paulus mit Christus ans Kreuz geschlagen worden, das heißt alle Maßstäbe dieser Welt sind ›durchgekreuzt‹, ›ausgestrichen‹ worden. Es gibt nicht mehr den Leistungsdruck, alles richtig machen zu müssen. Ich muss mich nicht mehr nach den Erwartungen der Welt richten, auch nicht nach den Erwartungen der spirituellen Menschen. Ich muss keinen spirituellen Menschen aus mir machen. Ich muss gar nichts aus mir machen. Christus hat etwas mit mir gemacht. Nicht mehr das Ego lebt, sondern Christus lebt in mir. Heinrich Schlier drückt diese Erfahrung so aus: »Die Existenz des Getauften ist nicht mehr durch sein Ego, das heißt den bisherigen ›natürlichen‹ Menschen begründet, sondern durch das in ihm neu geschaffene Leben, Christus ... Christus ist in unser Sein eingegangen, indem wir in das Sein Christi versetzt wurden.« (Schlier) Die Erfahrung Jesu hat Paulus befreit vom Kreisen um sich selbst, um seine menschliche und spirituelle Reife, um sein Image bei den Menschen. Er hat in Jesus den erfahren, der ihn auf eine andere Ebene hebt, auf der er erst wirklich erfährt, was Leben ist.

Mich interessiert an diesen Worten des Paulus nicht ihre theologische Bedeutung, sondern die Erfahrung, die dahinter steckt. Wie hat Paulus Jesus erlebt? Er hat ihn ja gar nicht persönlich gekannt. Er war in der gleichen Situation wie wir. Wir haben Jesus nicht gesehen und nicht gehört. Paulus hat eine innere Erfahrung von Jesus gemacht. Und diese innere Erfahrung hat sein Leben völlig verändert. Was vor dieser Erfahrung war, ist für Paulus gar nicht mehr wirkliches Leben. Es war nur der Versuch, die Gebote zu erfüllen, korrekt zu leben, Gottes Gnade durch eigene Arbeit zu erreichen. Paulus hält sein bisheriges Lebenskonzept nur für »Unrat, Kehricht« (Philipper 3, 8). Jetzt hat er in diesem Jesus einen ganz anderen Gott erfahren, einen Gott, der ihn bedingungslos liebt. Auch sich selbst hat er auf ganz neue Weise erfahren. Jesus hat ihm gezeigt, dass er eine unantastbare Würde hat, dass er mit allem, was er ist, geliebt wird. Und er spürt, dass dieser Jesus ihm so nahe gekommen ist, dass er in ihm selbst lebt. Christus ist zu seiner eigenen tiefsten Wirklichkeit geworden. Er handelt nicht mehr aus dem Ego heraus, sondern aus Christus, der mit ihm zusammengewachsen ist. So hat er keine Angst mehr vor Verfolgung und Tod. Denn alles Leben besteht für ihn in Christus. Und das Sterben ist nur Gewinn. Denn da wird seine Sehnsucht erfüllt und er wird bei Christus sein. (Philipper 1, 23)

Für mich besteht die bedrängendste Frage meines Lebens darin, wie ich an die Erfahrung herankomme, die Paulus mit Christus gemacht hat. Manchmal geht mir in der Meditation auf, wer dieser Jesus für mich ist. Dann ahne ich die Wahrheit der paulinischen Worte. Aber sobald ich diese Erfahrung festhalten will, entschwindet sie mir wieder. Und wenn ich über die Worte des Paulus nachdenke, weiß ich nicht mehr, was sie wirklich bedeuten. Es bleibt nur die Ahnung, dass sie den Kern meines Ringens treffen, dass von dieser Erfahrung das Gelingen meines Lebens abhängt. Wenn ich wie Paulus Christus als meine innerste Wirklichkeit erfahre, dann lebe ich wirklich, dann berühre ich das Geheimnis des Lebens, das Geheimnis Gottes und mein eigenes.

Was mich an Jesus fasziniert

In meiner Jugend war Jesus für mich vor allem ein Vorbild. Dieses Vorbild hat mich begeistert. Es hat mich dazu angetrieben, an mir zu arbeiten, damit ich ihm ähnlich werden kann. Als Jugendlicher habe ich gegen meine Fehler und Schwächen angekämpft, um Jesus nachzufolgen. Er war für mich vor allem das Bild des guten und helfenden, des freien und authentischen Menschen.

Am Ende meines Studiums wurde mir dann der Jesus der Mystik vertraut. Ich las vor allem die Worte von Jesus im Johannesevangelium. An diesem mystischen Jesus faszinierte mich die Vorstellung, dass Jesus in mir wohnt, dass ich durch ihn mein ursprüngliches und authentisches Wesen entdecke und er mein wahres Selbst wird, dass Jesus mich mit göttlichem Leben durchdringt und er mich in die Einheit mit Gott führt.

In den letzten Jahren hat sich meine Beziehung zu Jesus wiederum gewandelt. Jetzt geht es mir vor allem um die Frage, wie Jesus meinen Alltag prägt und wie ich im Gestalten und Aushalten der täglichen Konflikte immer mehr in die Gestalt Jesu hineinwachse. Ob ich an Jesus glaube oder nicht, das entscheidet sich nicht in erster Linie im richtigen Bekenntnis, im Wiederholen der theologischen Formulierungen. Es zeigt sich für mich vielmehr daran, ob ich in den alltäglichen Konflikten und Enttäuschungen, in den Erfahrungen von Nichtverstandenwerden und Einsamkeit, von Verletztwerden und Verlassenwerden bitter werde und hart, oder ob ich mich gerade dort, wo niemand zu mir steht, wo andere mich kränken und in meinen alten Wunden wühlen, vom Geist Jesu prägen lasse. Jesus ist in solchen Situationen nicht hart geworden. Er hat auch bei Anfeindungen aus der inneren Quelle der Liebe gelebt. Er hat selbst am Kreuz seine Liebe durchgehalten. Das ist für mich eine Herausforderung, mich mitten in den Konflikten und Auseinandersetzungen meines Alltags vom Geist Jesu durchdringen zu lassen. Ich kenne die Versuchung zur Bitterkeit, zum Sich-Verhärten, um unangreifbar zu werden. Aber gerade wenn ich die bitteren und hasserfüllten Gefühle in mir wahrnehme, kommt es für mich darauf an, sie Jesus hinzuhalten. In solchen Situationen entscheidet sich, ob ich Jesus nachfolge oder nicht, ob ich mich in meine Bitterkeit hineinsteigere oder ob ich der Milde und Barmherzigkeit Jesu in mir Raum gebe. Dann wird jede alltägliche Situation zur Herausforderung, Jesus in meinem Leben ernst zu nehmen und ihm zu folgen.

Jesus schützt mich auf meinem spirituellen Weg vor der Illusion, dass ich schon ganz gelassen und geistlich geworden sei. Mitten in den Emotionen, die in mir auftauchen und mich bestimmen möchten, taucht Jesus in mir auf, um mich einzulassen, mich »selbst zu verleugnen«, nein zu sagen zu meinem fordernden Ego und so in eine größere Freiheit hineinzuwachsen. Jesus ist für mich der Schlüssel zum Leben. Er sperrt mir immer wieder neu die Tür auf, durch die ich eintreten muss, um wirklich seinen Geist einzuatmen und von seiner Liebe durchdrungen zu werden. Und ich spüre, wie es täglich neu darum geht, ob ich mich innerlich verschließe oder ob ich mich von Jesus aufbrechen lasse für die Liebe, Barmherzigkeit und Milde. Darin besteht für mich die Nachfolge Jesu.

Ich kenne die großen Worte darüber, dass der, der Christus nachfolge, sein Ich beiseite lässt und nur noch selbstlos den Menschen dient. Je älter ich werde, desto kritischer werde ich gegenüber großen Worten. Ich weiß um die Alltäglichkeit der Spiritualität. In jedem Konflikt, in jeder Kritik, in jeder Enttäuschung, in jedem Verletztwerden entscheidet es sich, ob ich meinem gekränkten Ego folge oder Jesus, der mich in eine andere Dimension hineinführt, in die Dimension Gottes. Das Lukasevangelium ist mir da wichtig geworden. Lukas hat durch die Meditation des Lebens Jesu verstanden: »Durch viele Drangsale müssen wir in das Reich Gottes gelangen.« (Apostelgeschichte 14, 22) Das griechische Wort »thlipsis« bedeutet: Bedrängnis, Betrübung, Reibung, Verletzung. Durch viele innere und äußere Bedrängnisse, durch das »Gedränge«, wie der Mystiker Johannes Tauler sagt, geht mein Weg in das Reich Gottes oder in die »doxa theou«, »in die Herrlichkeit Gottes«, in die einmalige und herrliche Gestalt, die Gott sich von mir gemacht hat. Auf diesem Weg werden viele äußere Hüllen abgerieben, die dieses Urbild Gottes in mir verstellen. Durch das tägliche Gedränge will in meinem Selbst Jesu Gestalt immer deutlicher aufscheinen.

Wenn ich mein Bekenntnis zu Jesus zusammenfasse, dann möchte ich sagen: Jesus ist für mich der, der Gott ein menschliches Antlitz verleiht. Wenn mir Gott in meinem Theoretisieren entschwindet, dann leuchtet er mir in der Gestalt Jesu wieder auf als ein menschlicher Gott, als ein Gott, der mir als Du gegenübertritt, als ein Gott, der aufrichtet, befreit, erlöst, vergibt, der Weite schenkt, Freiheit und Liebe. Jesus ist der, der mich von meinem eigenen spirituellen Leistungsdruck befreit. Jesus hat in seinem Kreuz alle menschlichen Vorstellungen von einem spirituellen Weg ›durchkreuzt‹. Er hat auch meine Vorstellungen von Gott und von mir selbst im Kreuz ›durchgestrichen‹, um mich für das Geheimnis des Lebens zu öffnen.

Jesus ist für mich die Botschaft, dass ich bedingungslos von Gott angenommen bin. Und Jesus ist für mich der Garant, dass die Liebe alle Furcht vertreibt. Jesus hat für mich so überzeugend die Liebe Gottes gelebt, dass ich alle Furcht vor Schuldigwerden, vor Versagen, vor Scheitern und Verdammung ablegen darf. Jesus ist für mich die sichtbar gewordene Botschaft: »Gott ist die Liebe, und wer in der Liebe bleibt, bleibt in Gott, und Gott bleibt in ihm … Furcht gibt es in der Liebe nicht, sondern die vollkommen Liebe vertreibt die Frucht.« (1 Johannes 4, 16.18) Jesus ist für mich die menschgewordene Liebe Gottes. Wenn sie mich durchdringt, dann bin ich heil und ganz, erlöst und befreit. Das ist die Hoffnung, die mich beseelt. Das ist der Grund, auf den ich baue. Das ist der Glaube, aus dem ich lebe.

Epilog: In den Jesusbildern, die ich beschrieben habe, ist vieles von dem aufgeleuchtet, was mich an Jesus fasziniert und anrührt. Ich habe diese Bilder meditiert, um immer mehr das Geheimnis Jesu zu entdecken. Bei all diesen Bildern treibt mich die Frage um, wie dieser Jesus, auf den die Bilder verweisen, mein Leben bestimmt. Ist mein Leben anders geworden durch Jesus? Was hat Jesus in meinem Leben konkret verändert? Würde ich anders leben, wenn ich Jesus nicht kennen würde? Was wäre anders? Was habe ich durch Jesus gelernt? Wie sehe ich durch die Begegnung mit Jesus mich selbst? Wie sehe ich mein Leben? Was hat Jesus in mir in Bewegung gebracht? Welche Bedeutung hat Jesus für meine Beziehung zu Gott, für meine Beziehung zu den Menschen, für meine tägliche Arbeit, für mein Suchen und Ringen um ein authentisches Leben? Welche Rolle spielt Jesus in meiner persönlichen Frömmigkeit? Wo begegne ich Jesus konkret? Wann und wie beschäftige ich mich mit ihm? Wie prägt er mein Denken und Fühlen?

Ist Jesus Gott?

Jesus – so sagt uns die christliche Dogmatik – ist ganz Mensch und ganz Gott. Die Frage ist: Wie sollen wir das verstehen? Zunächst sehen wir Jesus als Menschen. Er wird in eine konkrete Familie hineingeboren. Er wächst heran, erlernt ein Handwerk, zieht von daheim aus und sammelt Jünger um sich und wird zum Wanderprediger. Er spricht zu den Menschen, heilt ihre Krankheiten, gerät in die Mühlen der Politik und wird ans Kreuz geschlagen.

Jesus ist ein jüdischer Rabbi, der viele Meinungen mit anderen jüdischen Lehrern teilt.

Aber zugleich geht von diesem Jesus etwas aus, was uns fasziniert. Und Jesus selbst bezeichnet sich mit Bildern, die sein Geheimnis aufleuchten lassen. Er spricht von sich als Menschensohn, oder einfach als Sohn. Im Johannesevangelium meint er damit immer den Sohn des himmlischen Vaters. Nach seinem Tod ist Jesus seinen Jüngern erschienen, sodass ihnen klar wurde: Dieser Jesus ist nicht im Tod geblieben. Er ist von Gott auferweckt worden. Die Jünger haben nach dieser Erfahrung seiner Auferstehung immer mehr über ihn reflektiert. Und sie erkannten, dass er nicht nur ein geliebter Sohn Gottes war, wie das die Juden von jedem guten König oder Propheten oder Frommen gesagt haben, sondern dass er auf einmalige Weise Gottes Sohn war, ja dass in ihm Gott selbst war.

Die Dogmatik der jungen Kirche hat das, was die Jünger mit ihrem Vokabular auszudrücken versuchten – einem Vokabular, das dem jüdischen Verständnis entstammte –, in die Sprache der griechischen Philosophie übersetzt. Die Konzile von Ephesus und Chalcedon haben dann das Geheimnis Jesu in die Formel gefasst: Jesus war »ganz Mensch und ganz Gott, unvermischt und ungetrennt«. Das Göttliche hat sich nicht mit dem Menschlichen vermischt. Vielmehr war Jesus ganz Mensch. Und es ist wichtig, dass wir ihn heute als religiös begabten Menschen sehen, der tiefe Erfahrungen Gottes gemacht und davon gekündet hat. Aber wir dürfen dabei nicht stehenbleiben. Es bleibt der Stachel, zu sagen: Er war

Gottes Sohn. Gott war in ihm. Er war die absolute Selbstmitteilung Gottes. Er war das Wort, das Fleisch geworden ist. Bei all dem bleibt immer das Geheimnis. Und es bleibt immer die Ahnung, dass wir es letztlich nicht verstehen. Für mich ist das eine gute Theologie, die um dieses Geheimnis weiß und nicht einfach festlegt: »Jesus war nichts als…« All diese Sätze, die genau wissen, was ist, stimmen nicht. Theologie ist der Versuch, das Geheimnis offen zu halten. Wenn wir Jesus als wahren Menschen und wahren Gott bezeichnen, dann ist das ein Offenhalten des Geheimnisses, damit wir aufhören, Jesus auf unsere Maßstäbe festzulegen und ihn mit unseren Projektionen zu belegen.

Jesus und die anderen Religionen

Jesu Botschaft der Liebe und des Mitgefühls, der Barmherzigkeit und der Hilfsbereitschaft gleicht der Botschaft der anderen großen Religionsgründer. Die Kirchenväter sehen in der Feindesliebe die entscheidende Botschaft Jesu, die sie von anderen Religionen und Philosophien unterscheidet. Aber auch in anderen Religionen kennen wir durchaus Ansätze zu einer Feindesliebe. Doch sicher hat Jesus auf neue Art und Weise auf die Liebe zu allen Menschen Wert gelegt.

Nicht das, was Jesus von Gott und vom Menschen sagt, unterscheidet ihn also in erster Linie von anderen Religionsgründern, sondern das, was in ihm aufgeleuchtet ist. In anderen Religionen geht der Weg vom Menschen zu Gott. Der Mensch soll Gottes Willen erfüllen oder im Gebet und in der Meditation sich Gott öffnen, dann kommt er Gott näher. Das Neue und andere am Christentum: In Jesus ist Gott selbst zu uns gekommen. Er ist vom Himmel zu uns herabgestiegen und hat uns sein göttliches Leben geschenkt. Und Gott ist in Jesus Mensch geworden, er hat mit uns gelebt und gelitten. Dieser Jesus ist von seinen Gegnern ans Kreuz geschlagen worden und ist am dritten Tag auferstanden. Dass der Begründer der Religion gekreuzigt wurde, ist einmalig. Und darin ist eine heilende und befreiende Botschaft: Es gibt nichts, was nicht verwandelt werden kann. Es gibt keine Dunkelheit, in die nicht das Licht reicht, kein Grab, in dem nicht das Leben ist, kein Tod, der nicht zur Auferstehung führt. Im Tod Jesu am Kreuz zeigt sich die Liebe Gottes, die sich in unsere Welt hineingewagt hat und an der Grausamkeit der Welt stirbt und gerade so diese Welt an ihrer dunkelsten Stelle mit Liebe erfüllt. Das ist eine faszinierende Botschaft, die mir in Jesu Tod und Auferstehung begegnet und die ich so nicht in anderen Religionen sehe.

Im Dialog mit den anderen Religionen ist es heute wichtig, das je Eigene zu entdecken, um die eigene christliche oder islamische oder buddhistische Identität klarer zu entdecken. Zugleich ist es aber auch wichtig, das Gemeinsame zu erkennen. Jesus ist nicht nur der Erlöser und der Sohn Gottes. Er ist auch der Lehrer der Weisheit. So hat ihn uns Matthäus geschildert, der die Weisheit des Ostens und des Westens in sich verbindet. So hat ihn Lukas im Dialog mit der griechischen Philosophie beschrieben als den Anführer zum Leben, als den Anleiter zu gelingendem Leben. Paulus hat Jesus immer schon im Dialog mit der stoischen Philosophie und mit den

Mysterienkulten beschrieben, die damals das religiöse Leben im Mittelmeerraum prägten. Jesus selbst sendet die Jünger in alle Welt, damit sie die Frohe Botschaft von dem Gott als dem barmherzigen Vater in alle Welt zu bringen. Und die ersten Christen haben es als befreiend erlebt, dass das Heil, das Jesus ihnen verkündet und gebracht hat, allen Menschen gilt. Die christliche Botschaft hat daher nie ausgegrenzt, sondern war immer offen für die Weisheit, die sie in anderen Kulturen und Religionen gefunden hat. Die Jünger Jesu haben die neue Botschaft, die sie verkündeten, immer im Hören auf die Weisheit formuliert, die sie bei den Menschen in den verschiedenen Kulturen und Religionen vorfanden. Im Dialog mit den Religionen geht es einmal um die Erfahrung der eigenen Identität, aber dann zugleich um die Aufgabe, dass die Religionen gemeinsam ein Ethos entwickeln, das die Werte in dieser Welt hochhält, die in allen Religionen geschätzt werden. Auf diese Weise tragen die Religionen praktisch dazu bei, dass die Verbindung aller Menschen untereinander wächst, dass Achtung und Verstehen die Menschen zusammenführen und so ein dauerhafter Friede möglich wird.

Weg, Wahrheit, Leben

»Jesus sagte zu Thomas: Ich bin der Weg und die Wahrheit und das Leben; niemand kommt zum Vater außer durch mich.« (Joh 14,6)

Dieses Wort wird von Fundamentalisten oft in dem Sinn gebraucht, dass nur der, der Jesus bekennt und an ihn glaubt, zu Gott kommt. Jesus allein ist demnach die Wahrheit und der Weg. Alle anderen Wege führen ins Verderben. Und alle anderen Wahrheiten sind nur Scheinwahrheiten. Viele benutzen diese Worte, um sich selbst über andere zu stellen und sich von anderen abzugrenzen. Wenn ich dieses Wort Jesu im Folgenden mit Karl Rahner auslege, so ist das eine Weise unter vielen Weisen, das Wort Jesu zu verstehen. Aber Auslegung heißt für mich immer, dass ich mich in das Wort Jesu hinein meditiere – oder wie Martin Luther gesagt hat – in es hinein krieche, bis es sich mir erschließt. Jedem wird etwas anderes aufgehen in diesem Wort. Aber entscheidend ist für mich, dass die Worte Jesu immer Worte sind, die zum Leben führen wollen, und nie Worte, die Angst schüren wollen, und auch nie Worte, mit denen wir uns über andere stellen dürfen. Es sind Worte, die uns herausfordern, die von außen auf uns zukommen, bis wir sie in unser Herz aufgenommen haben und von ihnen verwandelt worden sind.

Zunächst dürfen wir diese Worte also nie ausschließlich und ausgrenzend verstehen, sondern als eine positive Zusage. Jesus sagt von sich: Wer mich wirklich versteht, wer mich erkennt, so wie ich bin, der blickt durch, der begegnet der Wahrheit. Wahrheit – aletheia im Griechischen – meint, dass der Schleier, der über allem liegt, weggezogen wird und wir durchblicken. Und wer Jesus begegnet, der erfährt Leben und Lebendigkeit. Er erkennt, was wahres Leben meint. Und er findet mitten in einer orientierungslosen Welt den Weg, der ihn zum Leben führt. Man könnte diese Worte Jesu aber auch noch anders auslegen: Jeder, der die Wahrheit erkennt, der auf den Grund allen Seins schaut, erkennt letztlich Jesus in allem, was ist, als den eigentlichen Grund. Jeder, bei dem das Leben aufblüht, hat unbewusst eine Ahnung von Jesus. Und jeder, der auf dem Weg ist, sich also wandernd wandelt, begegnet auf diesem Weg letztlich Jesus. Er hat unbewusst schon etwas verstanden von Jesus. Umgekehrt gibt es Menschen, die zwar Jesus bekennen, aber innerlich völlig verklemmt sind, abgeschnitten von ihrer eigenen Lebendigkeit. Sie nehmen das Wort Jesus in den Mund, haben aber nicht wirklich etwas von ihm verstanden.

Auch das letzte Wort: »Niemand kommt zum Vater außer durch mich!« verstehen viele als ausschließend. Aber es ist als positive Zusage gemeint. Jesus ist der Weg zum Vater. Durch ihn erkennen wir den Vater, so wie es Jesus zu Philippus sagt: »Wer mich gesehen hat, hat den Vater gesehen.« (Joh 14,9) Mir erzählte eine Altenpflegerin in einem kirchlichen Haus, sie würde den alten Leuten von Jesus erzählen. Doch die wollten gar nichts von Jesus hören. Daher würden sie alle in die Hölle kommen. Denn Jesus habe gesagt: »Niemand kommt zum Vater außer durch mich.« Ich antwortete der Frau, sie solle auf die Barmherzigkeit Gottes vertrauen. Einen 90-jährigen Mann kann ich nicht mehr von Jesus überzeugen. Ich kann nur vertrauen, dass er im Tod Jesus begegnen wird und in Jesus den erkennen wird, den er sein Leben lang unbewusst gesucht hat. Dann wird Jesus ihn zum Vater führen. In diesem Sinn hat Karl Rahner dieses Wort Jesu ausgelegt. Im Tod werden wir nicht nur Gott begegnen, wie er wahrhaft ist. Wir werden auch Jesus Christus begegnen als dem menschgewordenen Gott. Und in diesem

Jesus werden wir die Erfüllung unserer Sehnsüchte erkennen. Wir werden verstehen, dass wir ihn eigentlich in all unserem Suchen nach Wahrheit und Leben gemeint haben, auch wenn wir nach außen hin vielleicht Jesus abgelehnt haben. Jesus wird dann im Tod für uns der Weg zum Vater. Er wird uns zum Vater führen, in dem wir für immer daheim sein werden.

Christus als König

Der letzte Sonntag im Kirchenjahr wird in der katholischen Kirche als Christkönigsfest gefeiert. Mit der Christkönigsfrömmigkeit, von der wir als Jugendliche begeistert waren, können wir heute kaum noch etwas anfangen. Heute ist der Zugang zu diesem Fest für mich ein anderer – er geht über ein tieferes Verständnis des Bilds vom König. Ein »König« im Märchen bezeichnet keine politische Institution. Er steht als Bild für einen Menschen, der über sich selber herrscht, anstatt von außen beherrscht zu werden, der in sich Frieden hat und um sich Frieden verbreitet. In diesem bildhaft-symbolischen Verständnis ist er jemand, der ganz zu sich gefunden hat und aus diesem Grund eine königliche Würde ausstrahlt. Der König oder die Königin geht aufrecht durch die Welt und richtet die Menschen um sich herum auf. König ist jemand, der nicht nur in seinem Reich Ordnung schafft, sondern auch den inneren Bereich seiner Seele gut strukturiert. In den Märchen sind es oft drei Königssöhne, die ausziehen müssen, um dem Vater das Wasser des Lebens oder sonst eine Kostbarkeit zu bringen, damit der König gesund wird. Das kann man so verstehen: Alle Bereiche müssen von Gott durchdrungen werden, damit der Mensch ganz und heil wird. König ist der, der alle seine Seelenkräfte integriert, der ganzheitlich lebende Mensch. Das ist der Zugang der Märchen zu einem tieferen Verständnis des Bildes vom König.

Die biblischen Bilder: Die Evangelien kennen das Bild Jesu als das Bild des Königs. Sie deuten es auf ihre Weise. In diesem Jahr wird am Fest Christkönig das Evangelium nach Lukas verlesen (Lk 23,35-43). Bei Lukas klingt die Philosophie Platons mit. Für diesen großen griechischen Philosophen ist König der, der die Höhen und Tiefen des Menschseins kennt. Lukas gebraucht den Königstitel im Evangelium nur bei der Kreuzigung. Am Kreuz ist Jesus der König, der die Höhen und Tiefen des Menschseins und die Abgründe der menschlichen Seele kennt – und sie mit göttlichem Licht erhellt.

In dem kurzen Evangelium, das am Fest verkündet wird, ist dreimal vom König die Rede. Da verspotten die Soldaten, die Jesus gekreuzigt haben und ihn bewachen, den am Kreuz Hängenden mit den Worten: »Wenn du der König der Juden bist, dann hilf dir selbst!« (Lk 23,37) Hier wird der Königstitel spöttisch gebraucht. Jesus ist für die Soldaten eher das Zerrbild eines Königs. Er ist hilflos den verletzenden Worten und den gaffenden Blicken der Umgebung ausgesetzt. Das soll ein König sein? Ein König ist doch jemand, der Macht hat und über andere herrscht.

»König der Juden«: Das zweite Mal wird »König« eher objektiv gebraucht. Auf der Tafel, die am Kreuz über Jesus angebracht ist, steht: »Das ist der König der Juden.« (Lk 23,38) Es ist das Wort, das Pilatus aufschreiben ließ. Es gibt auf der einen Seite den Grund der Kreuzigung an.

Jesus wurde gekreuzigt, weil er sich als König ausgegeben hat oder weil er für den König der Juden gehalten wurde. Aber das Wort kann auch das Wesen Jesu korrekt beschreiben. Bei aller äußeren Ohnmacht ist Jesus eben doch in Wahrheit der König der Juden. Er ist der von Gott eingesetzte Herr und König über die Menschen. So lässt Lukas den Petrus an Pfingsten predigen: »Mit Gewissheit erkenne also das ganze Haus Israel: Gott hat ihn zum Herrn und Messias gemacht, diesen Jesus, den ihr gekreuzigt habt.« (Apg 2,36) Gott wirft am Kreuz alle Maßstäbe dieser Welt über Bord. Den, der am Kreuz ohnmächtig und hilflos zu sein scheint, weckt Gott auf und setzt ihn in seiner Auferstehung zum Herrn und König über alle Menschen ein.

Das Reich ist in uns: Das dritte Mal wird das Wort »König« vom Schächer auf der rechten Seite Jesu in den Mund genommen: »Denk an mich, wenn du in deiner Macht als König kommst.« (Lk 23,42) Der Schächer hat den Mitgekreuzigten so erlebt, dass er ihn voller Glauben als König ansprechen kann. Er vertraut, dass dieser Jesus, der mit ihm am Kreuz endet, im Tod in sein Reich gelangt und mit Macht wieder auf die Erde kommen wird. Jesus belohnt den Glauben seines Schicksalsgenossen mit dem wunderbaren Satz: »Amen, ich sage dir: Heute noch wirst du mit mir im Paradies sein.« (Lk 23,43) Jesus wird als König einziehen in das Paradies Gottes. Er wird in Gottes Herrlichkeit herrschen. Und er verheißt denen, die ihn anrufen, dass sie mit ihm im Paradies sein werden. Das Wort »König« weist so auf die Vollendung Jesu hin, die er im Tod erfahren wird. Wenn wir das Fest Christkönig feiern, so bedeutet das für Lukas, dass uns heute die Zusage gilt, die Jesus damals dem Mitgefangenen gemacht hat: »Heute noch wirst du mit mir im Paradies sein.« Das gilt nicht erst im Tod, sondern jetzt schon. Immer wenn wir Christus als unsern König bekennen, werden wir mit ihm in sein Reich aufgenommen, dann ist sein Reich in uns. »Das Reich Gottes ist in euch« (Lk 17,21), hat Jesus den Jüngern zugesprochen. Wenn wir uns für Christus öffnen, herrscht er in uns, dann ist sein Reich in uns. Und wenn sein Reich in uns ist, dann sind wir frei, dann kommen wir in Berührung mit unserem wahren Selbst, dann sind wir jetzt schon im Paradies.

Einladung zum aufrechten Leben: Ein Fest feiern wir richtig nur, wenn es unser Leben berührt, es beleuchtet und wenn es eine Ausstrahlung in den Alltag hat. Wir feiern in diesem Sinn das Christkönigsfests, damit wir uns selbst als Könige und Königinnen fühlen können, aufgerichtet und aufrecht, im Einklang mit uns selbst, mit einer unantastbaren Würde begabt. Und wir feiern dieses Fest, damit Christus in uns immer mehr König wird, damit er über uns herrscht und wir nicht beherrscht werden von unseren Launen, von Leidenschaften oder von der Willkür anderer Menschen. Das Fest Christkönig, in seinem Kerngehalt verstanden, verheißt uns wahre Freiheit. Wenn das Reich Gottes in uns ist, dann kommen wir in Einklang mit unserem wahren Wesen, mit dem ursprünglichen und unverfälschten Bild Gottes in uns. Das Fest sagt nicht nur etwas aus über Christus als den wahren König, sondern auch über uns als königliche Männer und Frauen. Es will uns einladen, aufrechter durch unser Leben zu schreiten.

IV.

Auf dem geistlichen Weg

Was ist und wohin führt der spirituelle Weg?

Seit jeher haben die Menschen ihr Leben als Weg verstanden. Es ist nicht nur ein Weg zu immer größerer Reife. Sie haben ihr Leben auch als Weg zu Gott verstanden. Das ist der spirituelle Weg. Wir verstehen darunter den Weg, auf dem wir nach innen gehen, um in unserem Herzen immer mehr vom Geist Gottes erfüllt und verwandelt zu werden. Der spirituelle Weg ist ein Weg des immer Durchlässigerwerdens für diesen Geist, für den Geist Jesu Christi. Er geht über den Weg der Achtsamkeit, der Stille, der Kontemplation, des Gebetes und der Askese. Das sind konkrete Mittel, die uns auf dem Weg voranbringen. In der christlichen Tradition gibt es verschiedene Wege, die alle zum gleichen Ziel führen wollen: zur Offenheit für Gott und zum Verwandelt werden durch Gottes Geist. Die einen gehen einen Weg, der stark durch den liturgischen Vollzug geprägt ist, die andern suchen den Weg der Stille und Einsamkeit, wieder andere gehen den Weg der Nächstenliebe, weitere den Weg der Askese und klaren Selbstdisziplin. Entscheidend ist auf all diesen Wegen, dass ich nicht um mich und mein Fortkommen kreise, sondern auf Gott zugehe und offen werde für seine unbegreifliche Liebe. Und wichtig ist, dass dieser Weg fruchtbar wird für die Welt, dass er mich zu den Menschen führt.

Jeder Mensch geht in irgendeiner Weise einen spirituellen Weg, denn jeder macht auf seinem Weg auch spirituelle Erfahrungen. Eine Gefahr ist, dass ich mich auf meinem spirituellen Weg über andere stelle, dass ich ihnen vermittle: »Ihr habt ja keine Ahnung. Ihr lebt nur an der Oberfläche. Aber ich habe mich wirklich auf den inneren Weg gemacht. Ich habe tolle spirituelle Erfahrungen gemacht.« Wenn jemand seinen spirituellen Weg so versteht, hat das nichts mehr mit dem Weg zu tun, auf den Jesus uns schickt. Jesus sagt uns im Gleichnis von dem unnützen Sklaven: »Wenn ihr alles getan habt, was euch befohlen wurde, sollt ihr sagen: Wir sind unnütze Sklaven; wir haben nur unsere Schuldigkeit getan.« (Lk 17,10) Der Weg der Spiritualität muss in den Alltag führen. Er besteht darin, einfach zu tun, was »dran ist«, was ich dem Augenblick schuldig bin, was ich mir und meinem Wesen schuldig bin, was ich dem andern schulde und was ich Gott schulde. Die chinesische Tradition sagt nichts anderes aus: »Tao, der innere Weg, ist das Gewöhnliche.« Wenn ich mich auf meinem spirituellen Weg über andere stelle, werde ich nicht vom Geist Jesu erfüllt, sondern vom Geist der Hochmut. Ich blähe mich mit spirituellen Ideen auf und habe vom spirituellen Weg, wie ihn Jesus versteht, nichts verstanden. Der hl. Benedikt hat uns Mönche in seiner Regel zu einer sehr alltäglichen Spiritualität aufgerufen. Für Benedikt entscheidet sich meine Spiritualität nicht in frommen Gefühlen, sondern in der Bereitschaft, mich auf die Arbeit einzulassen, auf die konkrete Gemeinschaft, auf die Tagesordnung und auf das gemeinsame Gebet. Spiritualität muss konkret werden. Sie zeigt sich in der Gestaltung des Alltags durch heilende Rituale. Sie zeigt sich in einem liebevollen Umgang mit den Menschen, in der Bereitschaft zu helfen, wo andere meiner bedürfen, und in einer Arbeit, in der ich den Menschen diene und nicht meinem eigenen Image. Ob ein Mensch spirituell ist, das – so meint Benedikt – lesen wir immer an seinem Alltag ab: an seiner Art, mit den Dingen der Welt umzugehen, in der Weise, wie er den Menschen begegnet, wie er seine Zeit gestaltet und nicht zuletzt im Umgang mit sich selbst. Darin wird deutlich, ob es ihm in allem um ihn selbst geht oder letztlich um Gott. Für Benedikt ist das Ziel jeder Spiritualität, »dass in allem Gott verherrlicht werde«. Und diesen Grundsatz bringt er in seiner Regel gerade im nüchternen Kapitel über die Handwerker. Wie sie arbeiten und mit den Produkten ihrer Arbeit umgehen, daran entscheidet sich, ob sie sich von Habsucht und Gier leiten lassen oder aber ob es ihnen um die Verherrlichung Gottes geht.

Auf der Spur der Lebendigkeit

Spiritualität führt immer in die Weite und Freiheit. Angst und Enge, autoritäres Pochen auf Glaubenswahrheiten und unklare Machtausübung sind immer Zeichen mangelnder Spiritualität. Spiritualität ist Erfahrung. Sie will die Menschen zur Erfahrung einer inneren Freiheit führen: Wir sind in dieser Welt, aber nicht von ihr. Niemand hat Macht über uns, weil wir einen göttlichen Kern haben. Der Mensch wird erst Mensch, wenn göttliches Leben in ihm strömt. Die zentrale Botschaft des Christentums heißt: Es gibt keinen Tod, in dem nicht schon der Anfang neuen Lebens ist. Es gibt kein Kreuz, dem nicht die Auferstehung folgt. Es gibt keine Dunkelheit, in der nicht schon das Osterlicht aufleuchtet, kein Leid, in dem wir allein gelassen sind. Die Botschaft von Tod und Auferstehung ist aber auch Appell, den Aufstand zu wagen gegen alle Hindernisse, die heute in unserer Welt das Leben blockieren, gegen ungerechte Strukturen, gegen die vielen Kreuze, die heute täglich aufgerichtet werden. Tod und Auferstehung Jesu befreien uns von Bitterkeit und Resignation. Sie sind das Hoffnungszeichen schlechthin. Nach C. G. Jung hängt das Gelingen unseres Lebens davon ab, wie wir mit dem Leid umgehen. Nicht masochistisches Kreisen um das Leid, sondern Durchgang durch das Leid führt zum Leben.

Was uns Not tut: jetzt schon aufzustehen aus dem Dunkel in das Licht, aus der Enge in die Weite, aus der Starre in die Lebendigkeit, aus dem Grab in das aufrechte Stehen und Gehen. Auferstehung geschieht hier und jetzt für den Einzelnen, aber auch für die Gemeinschaft, wenn Menschen aufstehen gegen ungerechte Strukturen, wenn Menschen den Aufstand wagen gegen alle Hindernisse des Lebens.

Das weite Herz hat Raum für die anderen. Es verurteilt nicht. Es hat das Leben mit seinen Desillusionierungen und Enttäuschungen erfahren und angenommen. Aber es hat sich dabei nicht zusammengezogen. Es hat die Enttäuschungen als Chance genutzt, den Absprung in eine größere Weite zu finden.

Es gibt viele Wege, sich mit den Kränkungen der Lebensgeschichte zu versöhnen. Wenn ich die Wunden meiner Lebensgeschichte als Entfacher meiner Sehnsucht verstehe, kann ich mich mit ihnen aussöhnen. Sie bleiben Wunden. Sie werden auch immer wieder weh tun. Aber ich versinke dann nicht in Selbstmitleid, sondern ich sage mir: »Die Wunde schmerzt. Aber im Schmerz komme ich in Berührung mit meiner Sehnsucht nach wirklicher Heilung, nach endgültigem Heilsein und

Ganzsein.« Dann bin ich frei von dem Druck, meine Verletzungen so aufzuarbeiten, dass sie nicht mehr auftauchen. Sie dürfen sich in mir zu Wort melden. Sie erinnern mich immer wieder an die Sehnsucht, die in mir ist. Und sie bringen mich in Berührung mit meinem Herzen, in dem diese Sehnsucht lebt und das gerade durch die Sehnsucht lebendig ist und weit und voller Liebe.

Nur wer sich ehrlich seiner Situation stellt hat, für den wird auch die Sehnsucht wachsen – als Kraft, der eigenen Enge zu entkommen. Nichts anderes ist Spiritualität.

Spiritualität besteht für mich darin, der Spur meiner eigenen Lebendigkeit zu folgen, meiner Sehnsucht zu trauen, ihr auf den Grund zu gehen und mich von ihr in die Weite und in die Freiheit, in die Liebe und in die Lebendigkeit führen zu lassen.

Unterwegs auf dem Sehnsuchtsweg

Am 25. Juli feiert die Kirche das Fest des hl. Apostels Jakobus. Der Weg zum Apostelgrab, der geschichtsträchtige »Camino«, führt jedes Jahr wieder Unzählige nach Santiago de Compostela. Es zeigt sich, dass die Pilgerbewegung zu den großen spirituellen Aufbrüchen unserer Tage gehört.

Eine alte Legende: Einer Legende nach soll der Leib des Apostels nach seinem Martyrium von seinen Schülern auf ein Schiff gebracht worden sein. Die Schüler steuerten das Schiff nicht, sondern überließen sich dem Willen Gottes. So landete das Schiff in Galizien. Dort begruben die Schüler den Leichnam und bauten eine kleine Kirche. Doch die Kirche geriet in Vergessenheit. Zu der Zeit, als die Christen Spanien gegenüber den Moslems zurückeroberten, sah ein Einsiedler ein Leuchten an diesem Ort. Er meldete es dem Bischof. Der ließ das Gebüsch abholzen und nachgraben. So fand man die Gebeine des Apostels Jakobus. Man baute eine große Kirche auf dem »Sternenfeld« (= Compostela). Vom 8. Jahrhundert entstand so die Wallfahrt nach Santiago de Compostela. Im Mittelalter war sie neben der Wallfahrt nach Jerusalem und Rom die beliebteste Wallfahrt. Ja in manchen Zeiten übertraf ihre Attraktivität die beiden anderen Ziele. Viele Könige und Heilige zogen das Pilgerkleid an und pilgerten nach Santiago. Jakobus wurde der Patron der Pilger. Dargestellt wird er mit der Pilgermuschel, mit langem Stab, Reisetasche und Kürbisflasche.

Weg der Reinigung: In unserer Zeit hat die Wallfahrt nach Santiago wieder neuen Aufschwung erfahren. Jedes Jahr wird der Pilgerstrom größer. Die Menschen, die sich auf den Weg nach Santiago gemacht haben, berichten von tiefen Erfahrungen. Sie erfahren diesen Weg als Weg der Reinigung und der Wandlung. Der Pilger wird frei von allen Gedanken und Emotionen. Sein Kopf wird klar. Er erlebt seine eigenen Grenzen. Aber zugleich spürt er, dass sich in ihm etwas wandelt. Wandern hat immer mit Wandeln und Verwandlung zu tun. Und Pilgern meint: sich frei gehen von Bindungen und Abhängigkeiten. Im Pilgern spüren wir, dass unser ganzes Leben eine Pilgerschaft ist. Wir sind hier letztlich Pilger, das meint von der Wortbedeutung her: Fremde in dieser Welt, Menschen, die auf dem Weg sind nach ihrer ewigen Heimat (Pelegrinus kommt von peregrinus, der Fremde).

Wer stehen bleibt, erstarrt: Pilgern ist etwas anderes als Wandern. Der Pilger hat ein religiöses Ziel, auf das er zugeht. Ich kenne Menschen, die sich jedes Jahr zwei Wochen Urlaub für den Pilgerweg nach Santiago reservieren und ihn in Etappen zurücklegen. Sie fangen den Weg schon in Deutschland an, gehen durch die Schweiz und Frankreich zur spanischen Grenze und dann den »Camino«, in den alle Wege münden. Ganz gleich, ob man den Pilgerweg nach Santiago geht oder einen anderen: Es ist gut sich ein Ziel für seine Wanderungen zu suchen, am besten einen Wallfahrtsort. Deren gibt es ja sehr viele in Deutschland. Man macht sich auf den Weg durch Sonnenschein und Regen, begibt sich auf neue Wege. Wer den Aufbruch wagt, in dessen Seele bricht etwas auf. Er wird offen für das, wonach sich seine Seele sehnt. Er erfährt, indem er immer weitergeht, etwas Wesentliches über unser Dasein: Er spürt, dass er nicht stehen bleiben kann. Leben ist Bewegung. Wer stehen bleibt, erstarrt. Wir rasten zwar auf unserem Weg. Aber die Rast ist immer nur begrenzt. Dann müssen wir wieder aufbrechen. Wir gehen auf ein Ziel zu.

Ein letztes Zuhause: »Wohin denn gehen wir? – Immer nach Hause!« sagt Novalis. Wir sind immer auf ein letztes Zuhause hin unterwegs. Der Wallfahrtsort ist Symbol für dieses Zuhause. Marienwallfahrtsorte etwa haben etwas Mütterliches. Nach den langen Wegen fühlen wir uns in einer Marienkirche geborgen, wie in einem Mutterschoß. Da klingt schon etwas an von dem ewigen Zuhause, von einer Heimat, in der uns das Geheimnis der göttlichen Liebe umfängt. Daheim sein kann man nur, wo etwas Größeres uns umfängt. Andere Sprachen kennen das Wort »Heimat« nicht. Die Franzosen sagen für »Ich bin daheim« – »Je suis chez mois«: Ich bin bei mir. Das ist ein schöner Ausdruck für das, was uns auch beim

Pilgern erwartet: Wir gehen auf ein Ziel zu, an dem wir ankommen möchten. Indem wir am Wallfahrtsort ankommen, kommen wir auch bei uns selbst an, kommen wir zu uns selbst. Wir sind ausgezogen aus dem, was uns äußerlich festlegt, aus unseren Rollen und Masken, aus dem Gewohnten des Alltags, um nach langen Wegen bei uns selbst und bei Gott anzukommen. Beides gehört zusammen: Wer bei Gott ankommt, kommt auch bei sich an. Er findet zu seinem wahren Selbst, zu dem inneren Raum, in dem Gott selbst in ihm wohnt. Dort, wo Gott in ihm wohnt, ist er ganz er selbst, gelangt er zu dem ursprünglichen und authentischen Bild, das Gott sich von ihm gemacht hat.

So wünsche ich jedem, der in diesem Sommer sich auf einen Pilgerweg macht, dass er aufbricht aus dem Gewohnten, um sich innerlich frei zu gehen von dem, was ihn belastet, und um anzukommen bei Gott und bei sich selbst.

Ora et labora – Vom Sinn der Arbeit

Der hl. Benedikt hat seine Mönche aufgefordert, von ihrer eigenen Hände Arbeit zu leben, anstatt von anderen Geld zu erbetteln. Dieses spirituelle Motto wurde schließlich mit »ora et labora – bete und arbeite« zusammengefasst. Arbeit spielt in der Spiritualität der Mönche eine wichtige Rolle. Wenn über die Bedeutung von Arbeit nachgedacht wir, dann ist die erste Bedeutung sicher: sich seinen eigenen Lebensunterhalt zu verdienen. Dabei erleben wir selbst, was Gott Adam nach der Vertreibung aus dem Paradies mit auf den Weg gegeben hat: »Im Schweiße deines Angesichts sollst du dein Brot essen.« (Gen 3,19) Viele wissen heute, auch in Zeiten, in denen die Maschinen dem Menschen Schwerstarbeit abgenommen haben, dass es Mühe und viel – nicht nur körperliche – Kraft kostet, seinen eigenen Lebensunterhalt mit seiner Arbeit zu verdienen. Viele bekommen zu wenig Lohn, um ihre Familie damit ernähren zu können. Dabei ist es durchaus im Sinne der Bibel, dass Arbeit so gestaltet und bezahlt wird, dass wir unser Leben damit gut bestreiten können.

Dienst am Menschen: Dass Arbeit den Menschen zu dienen hat, das gilt nicht nur für den Dienstleistungssektor, der heute immer mehr die Sektoren von Produktion und Landwirtschaft zurückdrängt. Es gilt für jede Arbeit. Der Busfahrer, der pünktlich zu seinem Dienst kommt und sorgfältig und sicher den Bus fährt, dient den Menschen. Aber auch die Produkte, die die Firmen uns liefern, dienen uns. Gute Möbel dienen uns, damit wir uns in der Wohnung wohl fühlen und unsere Habseligkeiten gut unterbringen. Das sichere Auto dient uns auf unseren Fahrten. Jede Arbeit ist letztlich Dienst, der anderen zum Segen gereicht. Allerdings haben viele Arbeitnehmer heute nicht mehr das Gefühl, dass ihre Arbeit anderen dient. Sie arbeiten, ohne den Sinn und das Ziel ihrer Arbeit zu sehen.

Spirituelle Bedeutung: Es gibt Menschen, die meinen, sie bräuchten nicht zu arbeiten, sie seien zur Kontemplation berufen. Doch oft genug kreisen ihre Gedanken und Überlegungen dann nur narzisstisch um sich selbst. Wenn der hl. Benedikt junge Mönche prüfte, ob sie wahrhaft nach Gott suchten, dann war für ihn ein Kriterium dafür, ob sie sich in der Arbeit fordern ließen. Wer sich nicht auf die Arbeit einlässt, der – so meinte der hl. Benedikt – lässt sich auch nicht auf Gott ein. Sowohl im Gebet als auch in der Arbeit geht es darum, von sich selbst frei zu werden, sich dem Werk, den Menschen und Gott hinzugeben, sich selbst dabei zu vergessen. Die Arbeit ist daher ein Test für die Echtheit des Gebetes. Aber die spirituelle Dimension der Arbeit zeigt sich auch noch auf andere Weise. Die Art und Weise, wie wir arbeiten, offenbart unsere Seele. Wer chaotisch arbeitet, ohne Struktur, der zeigt darin seine chaotische Seele. Andere arbeiten mit zu viel Druck. Sie zeigen damit, dass sie sich selbst unter Druck setzen. Andere arbeiten zu langsam. Sie sind zu sehr mit sich selbst beschäftigt, mit ihren inneren Widerständen. Oder aber sie brauchen zuviel Energie, um das, was sie an sich nicht wahrhaben wollen, zu unterdrücken. Diese Energie fehlt ihnen dann bei der Arbeit. Für den ersten Mönch Antonius war die Arbeit, die schnell und effektiv von der Hand ging, ein Zeichen für die Spiritualität eines Mönches.

Achtung und Achtsamkeit: Für mich als Cellerar hat die spirituelle Dimension der Arbeit noch einen weiteren Akzent. Bei meiner Arbeit geht es darum, dass ich die gleichen Haltungen lebe, um die es auch im Gebet geht: Es geht um Demut, Liebe, Achtung und Achtsamkeit, aber auch um Hingabe, um Dienst. Während der Arbeit erlebe ich auch immer wieder Enttäuschungen und Ärger. Ich spüre aber, dass ich selbst dafür verantwortlich bin, welche Stimmung ich um mich herum verbreite. So offenbare ich in der Meditation Christus immer wieder meine Stimmungen, damit seine Barmherzigkeit in die negativen Gefühle eindringt und sie verwandelt. Wenn ich voll Bitterkeit oder Vorwürfen an die Arbeit gehe, vergifte ich die emotionale Atmosphäre meiner Mitarbeiter.

Das Gebet will mich dazu führen, um mich herum Frieden und Liebe und Versöhnung zu verbreiten. So verhindere ich, dass meine negativen Gefühle das Leben für alle um mich herum unnötig erschweren.

Wenn wir eine christliche Sicht unserer Arbeit entwickeln wollen, geht es einerseits um die drei Bedeutungen der Arbeit, die ich eben dargelegt habe. Es geht aber auch darum, dass wir in der Arbeit an der Schöpferkraft Gottes teilhaben dürfen. Wie Gott dürfen wir mit unserer Arbeit etwas schaffen. Wir gestalten und formen die Welt. Wir bauen eine eigene Welt auf mit eigenen inneren Gesetzen, eine Welt, die menschlich ist und von Liebe und Achtung geprägt.

Freiheit wächst im Raum der Stille

Ich erlebe immer wieder Menschen, die darunter leiden, dass andere sie bestimmen. Sie können kein Selbstvertrauen entwickeln, weil andere es ihnen nehmen. Da kritisiert sie ständig die Mitarbeiterin oder der Chef, da beeinflusst sie der launische Nachbar oder die unzufriedene Tante. Ich versuche den Ratsuchenden dann auf den Raum der Stille hinzuweisen, der schon in ihm ist. Er sollte sich vorstellen, dass da keiner Macht über ihn hat. Was der Nachbar über ihn denkt, erreicht diesen Ort nicht. Was die andern von ihm reden, ihre Kritik, ihre Ablehnung, ihre Ansprüche, ihre Erwartungen, all das hat dort keinen Zutritt. Auf der emotionalen Ebene bin ich zwar immer noch empfindlich und werde von der Kritik der anderen getroffen. Aber dahinter ist dieser Raum der Stille, wo das nicht hindringen kann. Wenn ich mir das vorstelle, dann entsteht ein Gefühl von Freiheit. In diesem Raum der Stille kann ich aufatmen. Da werde ich nicht von andern bestimmt, auch nicht von meinen eigenen Erwartungen oder Terminen.

Ich habe einmal einen Kurs für Eheberater gehalten über Spiritualität und Beratung. Da versuchte ich den Psychologen zu vermitteln, dass Spiritualität in der Beratung nicht bedeutet, fromme Worte zu machen, sondern die Menschen in ihren wahren Kern, an ihre unantastbare Würde, an den Raum der Stille heranzuführen. Manche Berater hatten berichtet, dass es in einer verfahrenen Ehe oft unmöglich ist durch bessere Kommunikationsmethoden wirksam zu helfen. Da fühlt sich eine Frau so tief verletzt, dass ein Gespräch nicht mehr möglich ist. Da fühlt sich ein Mann so radikal abgelehnt, dass er kein Wort mehr zur Partnerin hin findet. Da kann es hilfreich sein, den Partner oder die Partnerin an diesen inneren Raum zu führen, zu dem der andere keinen Zutritt hat, zu dem die Verletzung und die Ablehnung nicht hindringen können, in dem jeder seine unantastbare Würde entdeckt, den Raum, der unverletzt und heil ist. Schon die Ahnung von diesem inneren Ort kann mitten in der tiefsten Ablehnung und Verletzung ein neues Selbstwertgefühl vermitteln, eine Würde, die einem niemand zu rauben vermag.

Zu mir kam eine Frau, die ständig von der Chefin drangsaliert wurde. Beim Abendessen mit ihrem Mann war das einzige Thema die unmögliche Chefin, die ihr das Leben zur Hölle machte. Ich sagte ihr: »Die Ehre würde ich meiner Chefin nicht erweisen, dass ich selbst mein Abendessen noch von ihr stören ließe. Lass sie nicht in dein Haus hinein. So wichtig ist sie nicht.« Anstatt die Wut in uns hineinzufressen oder in der Wut zu explodieren, sollten wir die Wut dazu benutzen, uns von denen, die uns ständig beschäftigen, zu distanzieren, sie innerlich aus uns hinauszuwerfen. Manche meinen, das wäre nicht christlich. Christlich sei die Vergebung. Aber die Vergebung steht immer am Ende der Wut und nicht am Anfang. Solange der, der mich verletzt hat, noch in meinem Herzen ist, wäre Vergebung Masochismus. Ich würde mich selbst damit verletzten. Erst wenn ich mich von ihm distanziert habe, wenn ich ihn aus mir hinausgeworfen habe, kann ich ihm wirklich vergeben, im Wissen darum, dass er ja auch nur ein verletztes Kind ist.

Den anderen aus mir hinauszuwerfen ist nur der erste Schritt, um den Raum der Stille in mir wahrzunehmen. Er verteidigt diesen inneren Raum gegenüber allen, die da gewaltsam eintreten möchten. Aber die Verteidigung allein genügt nicht. Ich muss in der Meditation mich innerlich von allem verabschieden, was mich sonst beschäftigt, von den Menschen, um die ich kreise, von meinen eigenen Gedanken und Plänen. Ich muss ganz still werden und dann in mich hineinhorchen und mir vorstellen: In mir ist ein Geheimnis, das mich übersteigt. Wenn ich in mich hineinhorche, stoße ich nicht nur auf meine eigene Geschichte und auf meine Probleme. Unterhalb dieser Ebene ist vielmehr ein Raum der Stille, ein Ort, in dem Gott, das Geheimnis, in mir wohnt, kann ich wahrhaft daheim sein. Dort ahne ich einen tiefen Frieden in mir. Dort weiß ich, dass unterhalb des täglichen Trubels und des inneren Durcheinanders ein Raum der Stille ist. Für Evagrius Pontikos, den wichtigsten Mönchsschriftsteller des 4. Jahrhunderts, ist dieser Ort Gottes im

Bild Jerusalems dargestellt. Jerusalem heißt »Schau des Friedens«. So gelangen wir in diesen Raum der Stille zur »Schau des Friedens, an dem einer in sich jenen Frieden schaut, der erhabener ist als jedes Verstehen und der unsere Herzen behütet« (Evagrius Pontikos).

Wenn ich mich auf den Ort der Stille in mir einlasse, dann wächst in mir das Gefühl von Freiheit und Vertrauen. Es ist dann kein zur Schau gestelltes Selbstvertrauen, sondern ein Vertrauen aus der inneren Freiheit heraus. Ich kämpfe dann nicht gegen andere, sondern ich genieße die Freiheit. Es gibt einen Raum in mir, über den niemand Macht hat, der Raum, in dem Gott in mir wohnt. Dort, wo Gott in mir wohnt, dort komme ich in Berührung mit meinem wahren Selbst. Dort bin ich ganz ich selbst. Dort ist mein Selbst geschützt. Dort wächst mein Selbstwertgefühl, und ich werde mehr und mehr eins mit mir selbst.

Ich setze mich in mein Zimmer, ohne zu beten, ohne zu meditieren, ohne in der Bibel zu lesen, ohne nachzudenken. Ich sitze einfach vor Gott und beobachte, welche Gedanken an die Tür meines Hauses klopfen. Jeden Gedanken befrage ich: »Gehörst du zu mir oder bist du ein Hausbesetzer, der mir das Hausrecht streitig machen möchte? Was möchtest du mir sagen? Welche Sehnsucht steckt in dir?« Wenn ich diese Fragen stelle, werde ich spüren, dass die Gedanken und Emotionen, die hochsteigen, mir etwas zu sagen haben. Vielleicht gibt es auch einige, die ich von der Tür weisen muss. Denn wenn ich sie eintreten lasse, würden sie sich zu breitmachen und mich hinausdrängen. Aber wenn ich mit den Gedanken spreche, verraten sie mir die Sehnsucht, die hinter dem oft düsteren oder bedrohlichen Gewand steckt. Und die

Sehnsucht gehört zu mir. Sie führt mich in die Tiefe meiner Seele, auf den Grund, in dem ich einen tiefen inneren Frieden wahrnehmen darf. Diese Art des Betens konfrontiert mich mit meiner eigenen Wahrheit und ermöglicht mir eine ehrliche Selbsterkenntnis. Für Evagrius ist die Selbsterkenntnis eine wichtige Voraussetzung für die wirkliche Begegnung. »Willst du Gott erkennen, lerne vorher dich selber kennen«, rät er seinen Mönchen. Ohne Selbsterkenntnis sind wir in Gefahr, unsere eigenen Vorstellungen von Gott mit Gott zu verwechseln.

Es ist wichtig, dass wir nicht nur feste Formen der Meditation haben, sondern auch einen Raum, in dem wir ungeschützt vor Gott sitzen. Die Türhüterübung ist so ein Ort, an dem die eigene Wahrheit vor Gott auftauchen kann. Ein anderer Ort ist das persönliche Gebet, in dem ich das, was mich innerlich bewegt, Gott entweder mit Worten sage oder einfach schweigend ihm hinhalte. Eine gute Übung ist, eine halbe Stunde einmal laut Gott das zu sagen, was mich im Innersten bewegt. Wenn ich meine eigene Stimme höre, merke ich, dass ich mir nichts vormachen kann. Ich kann nicht irgendwelche Floskeln gebrauchen. Ich muss Gott das sagen, was mich wirklich betrifft. Das laute Sprechen vor Gott führt mich in die eigene Wahrheit. Oder aber ich sitze einfach vor Gott, schaue auf ihn, und vor seinen wohlwollenden Augen lasse ich alles ans Licht kommen, was sich in den Abgründen meiner Seele verborgen hält. Dann ist das Gebet nicht nur eine Begegnung mit Gott, sondern auch mit der eigenen Wahrheit. Und diese ehrliche Selbstbegegnung gehört zur echten Gottesbegegnung.

Gebet – ein Gespräch mit Gott

Was soll ich nun Gott sagen? Ich soll ihm alles sagen, was in mir auftaucht. Ich soll mein Leben zur Sprache bringen, so wie es konkret ist. Ich kann Gott von Begegnungen mit Menschen erzählen, von dem, was mich gerade beschäftigt, von Ärger und Enttäuschung, von Freuden und schönen Erlebnissen, von Ängsten und Sorgen und von meiner Hoffnung. Das Gebet muss nicht fromm sein, es soll nur ehrlich sein, es soll wirklich mein Leben vor Gott ausbreiten. Dabei kann es helfen, wenn ich das, was mir einfällt, in Worte kleide, entweder in innere Worte, oder aber auch in vernehmbare Worte. Es ist eine gute Übung, sich einmal zu zwingen, eine halbe Stunde laut mit Gott zu reden. Dabei kann ich mit der Frage beginnen: Gott, was hältst Du eigentlich von mir? Was sagst Du zu mir und zu dem, was ich tue? Oder ich könnte mich fragen, was ich diesem Gott sagen möchte, so dass es meiner Wahrheit entspricht. Dabei muss ich mich zwingen, wirklich die halbe Stunde durchzuhalten. Wenn mir Gott ferne rückt, dann rede ich darüber mit Ihm. Wenn ich ärgerlich werde, sage ich es Ihm. Und wenn mir nichts mehr einfällt, spreche ich mit Gott darüber, wie viel wichtiger mir andere Dinge sind als Er. Diese Weise des Betens ist allerdings keine Übung für jeden Tag, sonst würde sie zu einem Geplapper werden. Von Zeit zu Zeit, vor allem dann, wenn es in mir durcheinander und leer geworden ist, ist es eine gute Hilfe. Ich mache diese Übung selber gar nicht so gerne. Aber wenn ich mich darauf einlasse, spüre ich, dass sie mir gut tut. Am Anfang habe ich genügend Worte und Formulierungen parat, um mein Gebet interessant zu machen. Doch irgendwann kommt der Punkt, wo ich meinen Formulierungen nicht mehr traue, wo ich wirklich die Wahrheit meines Lebens Gott sagen muss. Da muss ich dann ehrlich sagen, was mich in meinem Herzen bewegt. Das Gebet geht immer anders aus, als ich es mir erwartet habe. Es zwingt mich in die Wahrheit. Ich kann Gott nichts vormachen. Ich muss ihm sagen, wie es wirklich mit mir steht. Es genügt nicht, ihm alles Mögliche zu erzählen, ich muss ihm meine innerste Wahrheit erzählen. Nur dann wird mich das Gebet befreien. Denn die Wahrheit allein wird uns frei machen.

Eine andere Möglichkeit ist, einfach vor Gott zu sitzen und hochsteigen zu lassen, was von alleine kommt. Ich muss dann gar nicht in Worte fassen, was sich in mir rührt. Denn für manche Ahnungen und Gefühle fehlen mir die Worte. Ich spüre manches nur diffus, ohne es formulieren zu können. Doch wenn ich vor Gott sitze und auf ihn schaue, dann steigt von alleine auf, was wichtig ist. Vor allem regt sich das, was nicht recht war. Evagrius sagt, es gäbe kein wirkliches Gebet, in dem ich nicht auch auf meine Fehler stoße. Ich muss dann gar nicht nach meinen Fehlern und Sünden forschen. Indem ich Gott anschaue, entdecke ich selbst, was nicht recht war. Das Gebet ist dann der Ort, wo ich ungeschützt vor Gott bin, wo ich nichts zwischen ihn und mich halte, keine Worte, keine vorformulierten Gebete. Ich halte vielmehr mich selbst hin. Das zwingt mich in die Wahrheit. Tagsüber kommen ja öfter Ahnungen in mir hoch, dass das doch nicht ganz stimme, was ich gerade tue, dass ich nicht in der Wahrheit bin, nicht ganz gegenwärtig, dass ich mir irgendetwas vormache, dass da noch eine ganz andere Dimension in meinem Leben ist. Doch dann dränge ich diese Ahnungen wieder zurück, indem ich mich mit der Arbeit oder mit anderen Gedanken beschäftige. Es gibt ja tausend Fluchtmöglichkeiten vor diesen inneren Ahnungen. Aber dann habe ich das Gefühl, dass sich eine Staubschicht auf mein Inneres legt und dass ich selbst unter dieser Staubschicht ersticke. Im Gebet als dem ungeschützten Dasein vor Gott wird diese Staubschicht wieder aufgewirbelt und das Eigentliche meines Herzens kommt zum Vorschein. Ich komme in Berührung mit dem Grund meiner Seele.

In dem Drama »Der seidene Schuh« lässt Paul Claudel Dona Proeza auf die Frage »Womit soll ich denn beten?« antworten: »Alles, was uns mangelt, das eben dient uns zum Gebet. Der Heilige betet mit seiner Hoffnung, der Sünder mit seiner Sünde.« Wir sollen im Gebet Gott also unseren Mangel hinhalten, unsere Sehnsucht, unser Ungenügen an uns und unserem Leben. Und wir sollen Gott unsere Sünde hinhalten, unsere Schattenseiten. Das Gebet befreit nur dann, wenn ich Gott auch in meine Abgründe schauen lasse, in das Verdrängte, in das vom Leben Ausgeschlossene, in die mörderischen Tendenzen meines Herzens, in das Falsche und Dunkle, in die Leidenschaften der Seele und in die Bedürfnisse und Wünsche, die unter der Oberfläche liegen. Im Gebet darf ich meine Angst und meine Verzweiflung sagen. Ich darf Gott alle Stimmungen und Gefühle zeigen, die ich mir selbst nicht erklären kann. Ich darf bloßlegen, was ich verdrängt habe, was ich bei mir selbst nicht wahrhaben wollte, weil es meine Ehre ankratzte, das Idealbild zerbricht, das ich unbewusst von mir habe. Ich soll vor Gott alles ans Licht kommen lassen, ohne es überhaupt zu bewerten. Ich soll meine Abgründe offenlegen, damit

Gottes Licht sie ausleuchten und so für mich bewohnbar machen kann. Nur wenn ich alles Gott hinhalte, wird das Gebet mich befreien. Ich brauche vor nichts in mir Angst zu haben. Es darf alles sein, aber es muss in die Beziehung zu Gott gebracht werden. Was ich von der Begegnung mit Gott ausschließe, das wird mir an meiner Lebendigkeit fehlen, das wird auch von meinem Leben ausgeschlossen. Es wird mich nur hinterrücks überfallen und mir schaden, anstatt meine Beziehung zu Gott zu intensivieren.

Das Gebet muss nicht fromm sein, sondern in erster Linie ehrlich. Ich soll Gott in alle Abgründe meines Herzens hineinschauen lassen, ich soll ihm alle Dunkelheiten hinhalten, alle Verhärtungen, alle Bitterkeiten. Dabei kann es mir helfen, wenn ich auf meinen Leib und auf meine Träume achte. Sie können mir zeigen, wo ich etwas von Gott abgetrennt habe, wo ich mich in Privaträume zurückgezogen habe. Die Verspannungen in meinem Leib deuten darauf hin, dass ich da etwas nicht anschaue und dass ich es auch von Gott nicht anschauen lasse. Meine Träume sagen mir, was noch dunkel und unerlöst ist in mir, wo in meinem Keller etwas modert, weil das Licht Gottes nicht hineindringt. Alle finsteren Winkel und alle verschlossenen Räume meines Hauses soll ich im Gebet Gott hinhalten, damit sein Licht und seine Liebe alles erleuchten und verwandeln. Beten heißt dann, alle Kammern meines Leibes und meiner Seele, meines Bewussten und meines Unbewussten aufzuschließen und Gott dort eintreten zu lassen, dass das ganze Haus meines Lebens von Gott bewohnt und erleuchtet wird.

Wenn wir Gott alles gesagt haben, was in uns aufsteigt, dann sollen wir uns nicht unter Druck setzen, noch weiter nach Worten zu suchen. Wir können dann einfach vor Gott sitzen und vor ihm schweigen. Das Gebet vollendet sich im Schweigen: Schweigen, einmal Hören und dann Einswerden mit Gott.

Raum der Intimität

Noch etwas anderes will das Gespräch mit Gott sein, der Ort der Intimität, an dem ich Gott alles sage, was in meinem Herzen ist an Sehnsucht, an Ahnungen, an Wünschen, an Wunden. Intim werden mit Gott, das heißt, ihm wirklich alle Gefühle auszudrücken, die in mir sind, oft genug verschüttet, weil ich selber Angst vor ihnen habe. Da kommen vielleicht sehr kindliche Gefühle hoch, wie die Sehnsucht nach Geborgenheit und Liebe, Gefühle, die ich vor mir selbst verberge, weil sie mir peinlich sind, weil ich meine, als Erwachsener sei ich doch darüber hinweg. Das Gebet will mir Mut machen, wirklich alles auszudrücken, nichts zurückzuhalten, meine tiefsten Sehnsüchte und alle Defizite meines Lebens, meine Liebe und das Angerührtsein in meinem Herzen. Dabei werde ich mit meinen Worten an Grenzen stoßen. Gebärden können mir helfen, meine intimsten Gefühle auszudrücken. So könnte ich die Hände über der Brust kreuzen und Gott meine Sehnsucht nach Intimität hinhalten. Ein Mitbruder erzählte, dass er manchmal unter die Decke krieche und Gott all das sage, was er sich sonst nicht traue, dass er all die Gefühle Gott hinhalte, die eben nur unter der warmen Decke am Abend aufsteigen, und dass er manchmal ein Kissen an die Brust drücke und so bete, um Gott sein Bedürfnis nach Liebe und Zärtlichkeit zu zeigen. Wenn wir den Mut haben, das vor Gott anzusprechen und auszudrücken, was wir vor uns selbst verbergen, was wir nur in der intimsten Liebe zu einem Partner sagen würden, dann wird unser Leben tiefer und lebendiger. Es verliert alle Langweiligkeit und Durchschnittlichkeit. Wir werden echter und freier. Wir haben keine Angst mehr vor unserem eigenen Herzen. Das Herz beginnt zu schlagen. Wir fühlen: wir sind wirklich da, wir leben. Es ist schön zu leben. Zugleich ist es natürlich auch schmerzlich. Es gibt keine Intimität ohne Verwundbarkeit. Aber gerade das macht uns lebendig und echt. Das Gebet sollte für uns der Ort sein, an dem wir intim sein können, an dem wir mit dem Innersten in uns in Berührung kommen und unser Innerstes Gott hinhalten. Unser ganzes Leben würde davon gewinnen. Die Masken fielen weg. Wir bräuchten nicht soviel Schalen um uns herum. Wir könnten auch Menschen näher an uns heranlassen. Und wir spüren im Innersten, was Menschsein heißt: im Herzen angerührt und angesprochen zu werden, verwundet zu werden von der Liebe Gottes, die uns aufschließt für Gott und für die Menschen.

Wenn wir Gott alles gesagt haben, was in uns aufsteigt, dann sollen wir uns nicht unter Druck setzen, noch weiter nach Worten zu suchen. Wir können dann einfach vor Gott sitzen und vor ihm schweigen. Das Gebet vollendet sich im Schweigen: Schweigen, einmal Hören und dann Einswerden mit Gott.

Beten verändert

Das Gebet verändert zunächst uns selbst. Es bringt uns in die eigene Wahrheit, und es schenkt uns das Vertrauen, dass wir mit unseren Anliegen nicht allein sind. Wenn wir im Gebet etwas erbitten, dann erfüllt sich das Gebet nicht automatisch. Wir dürfen Gott um alles bitten, für uns oder für andere Menschen. Und manchmal dürfen wir auch erfahren, dass das Gebet etwas bewirkt, sodass es uns oder dem andern besser geht, dass eine Krankheit geheilt wird. Aber das ist nicht selbstverständlich. In jedem Gebet fügen wir hinzu: »Dein Wille geschehe!« Wir können im Gebet Gott nicht zu etwas zwingen. Wir können ihn bitten. Im Bitten verwandelt sich schon unsere Situation. Und manchmal dürfen wir auch das Wunder erfahren, dass sich wirklich etwas wendet. Zumindest verwandelt das Gebet uns. Wenn ich für einen anderen bete, bekomme ich mehr Hoffnung ihm gegenüber und kann ihm so vertrauensvoller begegnen. Oft erkenne ich im Gebet, was ich dem andern sagen könnte. Das Gebet verändert mich und meine Beziehungen. Und ich darf vertrauen, dass Gott im andern neue Gedanken bewirkt, ihn mit Frieden und Zuversicht erfüllt.

Man kann das, was im Gebet geschieht, nur in Bildern ausdrücken. Ein schönes Bild hat der jüdische Philosoph Abraham Joshua Heschel in seinem Aufsatz »Das Gebet als Äußerung und Einfühlung« im Jahre 1939 verwendet: »Beten heißt, an ein Wort fassen, an den Endpunkt einer Schnur, die gleichsam zu Gott führt. Je größer die Kraft, umso höher ist der Aufstieg an dem Wort. Beten heißt aber auch, dass der Widerhall des Wortes wie ein Senkblei in die Tiefe der Person fällt. Je reiner die Bereitschaft, umso tiefer dringt das Wort.« Das Beten führt mich also immer näher zu Gott heran. Aber es bringt mich auch in Berührung mit meinem eigenen Wesen, das mir in der Tiefe meiner Seele oft genug verborgen bleibt.

Lebenstaugliche Askese

Askese ist Training der inneren Freiheit. Sie darf aber nicht gegen den Menschen wüten und gegen seine psychische Struktur. Sie entspringt einem optimistischen Menschenbild. Wir sind nicht einfach unserer Lebensgeschichte mit ihren Verletzungen und Verbiegungen ausgeliefert. Wir können an uns arbeiten. Wir können etwas erreichen. Wir können uns in die innere Freiheit einüben. Allerdings müssen wir auch die Grenzen unserer Askese erkennen. Wir können nicht alles, was wir wollen. Wir müssen unser Wesen wahrnehmen und ernst nehmen und das Maß finden, das uns gut tut. Alles Übermaß, so sagen die frühen Mönche, kommt von den Dämonen.

Die Askese bezieht sich einmal auf den Verzicht oder auf die Einschränkung im Essen, im Informationsbedürfnis, im Reden, in den Aktivitäten. Sie will uns dazu führen, dass wir in Freiheit entscheiden, wie viel wir essen und trinken, wann und wie wir sprechen, wie viel wir arbeiten. Sie gibt uns das Gefühl, dass wir selbst leben, anstatt von außen gelebt zu werden. Wir bestimmen das Maß unseres Lebens, anstatt es uns von außen aufzwingen zu lassen. Zum andern besteht Askese im Einüben positiver Haltungen wie Selbstlosigkeit, Dienstbereitschaft, Nächstenliebe, Offenheit für Gott, Güte und Barmherzigkeit. All diese Haltungen tun dem Menschen gut. Die Tugenden, in die uns die Askese einüben möchte, sind Voraussetzung dafür, dass unser Leben gelingt, dass wir tauglich sind für das Leben.

Zur Ruhe kommen

Wir möchten gerne eindeutig sein, nur gut, nur freundlich, nur selbstbeherrscht. Doch das Leben zeigt uns, dass wir nicht nur gut sind, sondern auch den Hang zum Bösen haben, dass wir nicht nur stark, sondern auch schwach sind, nicht nur freundlich, sondern auch aggressiv, nicht nur diszipliniert, sondern auch chaotisch und unbeherrscht. Es ist eine Kränkung für uns, uns von den eigenen Idealbildern zu verabschieden und uns in unserer Gegensätzlichkeit anzunehmen. Jeder von uns hat auf dem Weg der Selbstwerdung sein Kreuz auf sich zu nehmen und zu tragen. C. G. Jung nennt die Kreuztragung einmal »ein passendes Symbol der Ganzheit« und formuliert an anderer Stelle: »Jeder einzelne Mensch, der auch nur annähernd seine eigene Ganzheit sein möchte, weiß genau, dass sie eine Kreuztragung bedeutet.« (C.G. Jung, Gesammelte Werke, Band 11, Zürich 1963, 195)

Sein Kreuz zu tragen, das ist also eine existentielle Aufgabe. Lukas hat das Nachfolgewort um eine Nuance erweitert: »Wer mein Jünger sein will, der verleugne sich selbst, nehme täglich sein Kreuz auf sich und folge mir nach. Denn wer sein Leben retten will, wird es verlieren; wer aber sein Leben um meinetwillen verliert, der wird es retten. Was nützt es einem Menschen, wenn er die ganze Welt gewinnt, dabei aber sich selbst verliert und Schaden nimmt?« (Lk 9,23-25) Der Evangelist versteht also die Annahme des Kreuzes als tägliches Geschehen und alltägliche Aufgabe. Täglich durchkreuzt etwas meinen Weg. Jeden Tag widerfährt mir etwas, was meinen eigenen Vorstellungen nicht entspricht. Das gilt es anzunehmen. Und Lukas verbindet die Annahme des Kreuzes mit der Selbstverleugnung. Das griechische Wort »arnesasto heauton« heißt eigentlich: nein sagen zu sich selbst, Widerstand leisten zur Tendenz des Ego, alles an sich zu raffen und für sich haben zu wollen. Dieses Wort Jesu wurde oft genug falsch verstanden. Man deutete es als Selbstentwertung oder Selbstverbiegung. Doch es ist letztlich ein Weg in die innere Freiheit. Das Ego hat die Tendenz, alles zu vereinnahmen. Es kreist immer um sich selbst: Was bringt es mir? Was habe ich davon? Diese Haltung zeigt es auch Gott gegenüber. Selbst Gott wird in einer solchen Haltung vereinnahmt. Was bringt mir Gott? Welchen Vorteil habe ich von Gott? Doch damit setzen wir das Ego absolut. Und je mehr wir es absolut setzen, desto mehr Angst haben wir um es. Sich von diesem Ego zu distanzieren, es loslassen, das ist – folgen wir dem Wort Jesu – ein Weg in die Freiheit. C.G. Jung spricht davon, dass wir vom Ego zum Selbst gelangen sollen, zu unserem innersten Kern. Dieses Selbst sollen wir nicht verleugnen. Es ist der ursprüngliche und authentische Kern in uns, das Bild, das Gott sich von uns gemacht hat. Wer im Selbst seine eigene Mitte gefunden hat, hat das ängstliche Kreisen um sein Ich und seine Bedürfnisse aufgegeben. Er ist in sich selbst zur Ruhe gekommen.

Der Himmel beginnt in dir

Andere nicht zu richten ist für die Wüstenväter auch eine Hilfe, die eigene innere Ruhe zu finden. Wenn wir aufhören, andere zu verurteilen, tut uns das selber gut.

»Abbas Poimen wurde von einem Bruder gefragt: ›Was soll ich tun, Vater, denn ich werde von Traurigkeit niedergeschlagen?‹ Der Greis antwortete ihm: ›Schaue niemand für nichts an, verurteile niemand, verleumde niemand, und der Herr wird dir Ruhe geben.‹«

Das Urteilen verschafft uns keine Ruhe. Denn indem wir den andern verurteilen, spüren wir unbewusst ja doch, dass wir auch nicht perfekt sind. So ist der Verzicht auf das Urteilen und Richten ein Weg zum inneren Frieden mit uns selbst. Wir lassen die andern sein, wie sie sind, und können auf dieses Weise auf wir selber sein.

Der Weg zu einer spirituellen Lebenskultur war für die Mönche immer die konkrete Übung. Meistens waren es drei Ratschläge, die ein Altvater einem jungen Mönch gab, der ihn nach dem Weg zum wahren Mönchtum fragte.

»Ein Bruder, der mit anderen Brüdern zusammenlebte, fragte den Altvater Besarion: ›Was soll ich tun?‹ der Greis antwortete ihm: ›Schweige und miss dich nicht mit anderen.‹«

Eine andere Übung zeigt uns Antonios: »Der Altvater Pambo fragte den Altvater Antonios: ›Was soll ich tun?‹ Der Alte entgegnete: ›Baue nicht auf deine eigene Gerechtigkeit und lass dich nicht ein Ding gereuen, das vorbei ist, und übe Enthaltsamkeit von der Zunge und vom Bauch.‹«

Stille

Wenn es nur einmal so ganz stille wäre.
Wenn das Zufällige und Ungefähre
Verstummte und das nachbarliche Lachen,
wenn das Geräusch, das meine Sinne machen,
mich nicht so sehr verhinderte am Wachen -:

Dann könnte ich in einem tausendfachen
Gedanken bis an deinen Rand dich denken
Und dich besitzen (nur ein Lächeln lang),
um dich an alles Leben zu verschenken
wie einen Dank.

Rainer Maria Rilke

Das Gedicht aus dem »Stundenbuch«, das Rainer Maria Rilke auch überschreibt mit »Vom Mönchischen Leben«, spricht nicht nur über die Stille. Indem wir das Gedicht lesen, wird es Stille in uns. Da ergreift uns die Stille, die den Dichter zu diesem Gedicht inspiriert hat. Seine Worte vermitteln die Stille, aus der sie kommen. Und wenn die Stille uns ergreift, dann verstummt alles Zufällige und Ungefähre, dann werden wir ganz wach, dann öffnen wir unser Herz dem Eigentlichen, dem, was unsere tiefste Sehnsucht anspricht. Für Rilke ist es Gott selbst, der in der Stille in uns auftaucht. In der Stille – so meint der Dichter – können wir Gott selber denken. Im Lärm des Alltags scheint Gott uns so fremd, dass wir ihn gar nicht denken können. Doch in der Stille tauchen Gedanken auf, die von Gott selbst kommen. Ja, wir bekommen ein Bild von Gott geschenkt. Und für einen kleinen

Augenblick können wir Gott besitzen. Aber es ist nicht das krampfhafte Festhalten an Gott. Es ist vielmehr ein Lächeln, das Gott in uns bewirkt und uns die Gewissheit schenkt, dass er da ist. Wenn wir diese Erfahrung der Stille machen, dann denken wir Gott nicht nur, wir vermögen ihn zu verschenken an alles Leben, an alles Lebendige, an alle Menschen. Und Gott ist dann wie ein Dank, der sich über alles breitet. Auf einmal schauen wir dankbar auf die Welt. Gott, den wir in der Stille erahnen, zu verschenken, ist wie ein Dank, der nicht nur unser Herz, sondern alles Sein um uns herum erfüllt.

V.

Ein neues Miteinander

Den Nächsten neu sehen

Keiner von uns sieht den Mitmenschen objektiv. Zumeist sehen wir ihn durch die Brille unserer negativen Projektionen. Wir projizieren unsere Fehler in ihn hinein und legen ihn darauf fest. Wir merken gar nicht, wie wir ihn dadurch einengen und wie einseitig wir ihn sehen. Glauben meint, den andern mit guten Augen anschauen, mit Augen, die das Gute in ihm entdecken. Die Frage ist auch hier, welcher Blick dem andern eher gerecht wird und welcher Blick realistischer ist. Unsere negativen Projektionen sind nicht einfach aus der Luft gegriffen. Sie haben immer auch einen Anhaltspunkt im andern. Insofern sind sie ein Stück weit objektiv. Aber sie sehen den andern eben unter einem negativem Blickwinkel. Wenn wir ihn mit guten Augen anschauen, so hießt das nicht, dass wir das Negative in ihm übersehen. Wir sehen nur hindurch auf den guten Kern in ihm. Und dieser gute Kern ist in ihm auch objektiv da. Wir übersehen ihn nur oft genug. Wenn wir den Menschen also objektiv betrachten wollen, so müssen wir diesen positiven Blick des Glaubens ganz bewusst einüben.

Den andern gut sehen, meint das gleiche, was Benedikt den Glauben an Christus im Bruder nennt. Mit den Augen des Glaubens entdecken wir, dass im andern ein guter Kern ist, dass in ihm ein Geheimnis ist, das ihn übersteigt, dass in ihm ein göttlicher Kern ist, dass Christus selbst in ihm ist. Wenn wir den andern bewusst mit diesem Glauben betrachten, dann werden wir auch Neues in ihm entdecken, dann werden wir hinter seiner rauen Schale einen weichen und guten Kern entdecken, dann werden wir neben all seinen kaputten Seiten auch die Sehnsucht verspüren, gut zu sein, die Sehnsucht ganz, heil, mit sich und der Welt ausgesöhnt zu sein. Außerdem ist er von Gott geschaffen, und Gott liebt ihn weiterhin und glaubt weiterhin an das Gute in ihm. Wenn wir von diesem Modell her den andern umdeuten, dann geben wir ihm die Möglichkeit, dass er unsere Deutung übernimmt und nun selbst an das Gute in sich glaubt. Dann wird sich in ihm etwas verändern. Unsere Umdeutung bewirkt, dass er sich selbst umdeuten, sich anders erleben und neue Wege gehen kann.

Jeder Mensch lebt nicht nur einfach dahin, sondern er deutet sich ständig. Er interpretiert sein Tun, er beurteilt sich, vergleicht sich mit andern. Und diese Deutung prägt sein Daseinsgefühl. Wenn ich mich als Versager deute, der den Vergleich mit den andern nicht aushalten kann, dann werde ich mich entsprechend schlecht fühlen. Die Deutung, die wir uns selbst geben, hängt von unsern Erfahrungen in der Kindheit ab und von den Erfahrungen mit den Menschen, die wir Tag für Tag machen, von den Deutungen, die wir von den andern bekommen. Wenn wir den andern nun positiv umdeuten, so ermöglichen wir ihm, dass er diese Umdeutung übernehmen kann. Natürlich hat es wenig Zweck, einem seine Umdeutung aufzuzwingen. Wer sich als Versager fühlt, der wird sich nicht so leicht von dieser Selbstdeutung abbringen lassen. Im Gegenteil, je mehr wir ihm einreden wollen, was er doch alles kann, desto mehr Gründe wird er suchen, doch nicht so gut zu sein wie die andern. Ja wir werden in ihm sogar ein schlechtes Gewissen erzeugen, dass er trotz allem sich als Versager fühlt. Er wäre die typische Fehllösung von »Mehr-desselben«.

Aber wenn wir an unserer Sicht festhalten, ohne sie ihm aufdrängen zu wollen, sondern einfach, weil wir davon überzeugt sind, dann wird ihn diese Sicht zumindest neugierig machen. Und vielleicht versucht er, sich dann selbst so zu sehen und sich umzudeuten.

Wie wir den andern sehen, bleibt nicht unsere Privatsache, sondern wir beeinflussen mit unserm Sehen den andern. Das spüren wir, wenn wir in der Straßenbahn fahren. Der Blick der Menschen prägt die Situation. Wenn mich einer fixiert, fühle ich mich unsicher oder unwohl. Wenn einem die Unlust aus den Augen schaut, wirkt das ansteckend. Ich merke, ob mich einer verächtlich, arrogant, musternd, herausfordernd anschaut, oder ob seine Augen mich gelten lassen, ob sie mich mögen, ob ich in seinen Augen ich selbst sein darf. Wie wir in der Straßenbahn aus den Augen schauen, das hat auch etwas mit unserm Glauben zu tun. Ich kann nicht von mir behaupten, ich sei ein gläubiger Christ, wenn aus meinen Augen der Unglaube blickt. Mein Glaube oder Unglaube zeigt sich eben darin, wie ich die Menschen betrachte. Die Augen des Glaubens sehen die andern gut an, glauben an das Gute in ihnen, trauen ihnen etwas zu, lassen sie sein, wollen sie nicht ändern, nicht beherrschen. Die Augen des Glaubens wecken in den andern Leben. Sie lassen sie an ihre eigenen Möglichkeiten glauben.

Die Liebe wandelt um

Was ich neu sehe, mit dem kann ich auch in einer neuen Weise umgehen. Das Deutungsmodell des Glaubens führt zum Verhaltensmodell der Liebe. Was ich als gut erkannt habe, das behandle ich auch gut, das habe ich auch gern. Was mir durch die neue Sehweise ans Herz gewachsen ist, das werde ich behutsam und zärtlich anfassen. Der Glaube ist das Entdecken der Lösung zweiter Ordnung durch die Umdeutung der Situation. Die Liebe ist die Durchführung dieser Lösung. Der Glaube sieht, die Liebe handelt. Die Liebe behandelt nicht nur gut, sie macht auch gut. Sie weckt das Gute, das der Glaube im Umdeuten der Wirklichkeit entdeckt hat, zum Leben. Die Liebe verwandelt die Wirklichkeit, sie formt sie gut, sie gestaltet das Gute in ihr aus. Der Glaube deutet um, die Liebe wandelt um.

Über keinen Begriff ist soviel geschrieben worden wie über die Liebe. Ich möchte nicht in die Diskussion über die verschiedenen Definitionen der Liebe eintreten, sondern nur den Aspekt entfalten, den die Etymologie uns nahelegt: Liebe als gut haben und gut machen. In dieser Sicht spielt das Gefühl eine untergeordnete Rolle. Das Entscheidende ist das Tun, aber kein äußerliches Tun, das man sich als Gebot oder Pflicht von außen auferlegt, sondern ein Tun, das aus einem Sehen kommt. Die Liebe muss echt sein, nicht künstlich aufgesetzt, nicht fassadenhafte Freundlichkeit. Was die Liebe echt macht, ist aber nicht ein überströmendes Gefühl der Sympathie oder des Verliebtseins, sondern der Glaube an das Gute im andern. Liebe bezieht sich nicht nur auf Menschen, sondern wie schon Jesus sagte, auch auf uns selbst und auf Gott. Diese drei Aspekte wollen wir kurz betrachten.

Sich selbst lieben

Wenn ich daran glaube, dass ich von Gott als gut geschaffen worden bin, dass er mich mag, dass er mich annimmt, wie ich bin, dann muss ich auch selbst gut mit mir umgehen. Das fängt damit an, dass ich auf meine innersten Wünsche und Sehnsüchte höre und mir das gönne, was mir wirklich gut tut. Das kann durchaus auch einmal ein gutes Essen und Trinken sein. Aber das wird nicht meinc tiefsten Bedürfnisse befriedigen. Ich muss auf meine eigentlichen Wünsche und Sehnsüchte hören. Ich muss so tief in mich hineinhorchen, dass ich auf Gott in mir stoße und verstehe, was er von mir will. Das ist dann das, was mir wirklich gut tut, was mein ganz persönliches einmaliges Leben in mir weckt, das sich nicht nach den Erwartungen der andern und nicht nach den Forderungen meines Überich richtet, sondern ursprünglich und echt ist. Dieses Leben soll ich mir gönnen und es zu entfalten suchen. Eine Hilfe kann dabei sein, meinen eigenen Lebensstil zu entwickeln, einen gesunden Lebensstil, in dem ich mich wohl fühle, der mir das Gefühl gibt, dass ich selbst lebe und nicht gelebt werde, dass ich meinen Tag und mein Leben gestalte, dass ich ganz im Augenblick lebe, ganz ich selbst und ganz in dem, was ich gerade tue, und dass ich allem, was ich tue, meine Form aufpräge.

Das Gefühl, gelebt zu werden, von andern getrieben und bestimmt zu werden, macht uns unzufrieden. Die Liebe zu uns selbst würde darin bestehen, gut mit unserer Zeit und mit ihren Herausforderungen umzugehen und das, was uns von außen vorgegeben ist, zu unserem Eigenen zu verwandeln. Wenn wir den Eindruck haben, von andern bestimmt zu werden, von Terminen gejagt zu werden, dann erleben wir das als Entfremdung. Etwas Fremdes beherrscht unser Leben. Die Liebe sollte das Fremde in Eignes umwandeln.

Wenn ich eine Arbeit, die mir von außen aufgezwungen ist, aus freiem Willen heraus als meine Herausforderung von Gott her annehme, dann liegt mir die Arbeit nicht mehr wie ein fremder Brocken im Magen, den ich möglichst bald ausstoßen müsste, sondern es wird meine Arbeit. Das Objekt der Arbeit ist mir zwar vorgegeben. Daran kann ich nichts ändern. Aber das Wie ist meine Sache. Und indem ich das Wie selbst in die Hände nehme, verwandle ich auch das Was. Ein Stein, den ich behaue, wird zum Ausdruck meines Innern. Die Arbeit, die mir vorgegeben ist, ist so ein Stein, den ich durch meine Art, die Arbeit zu gestalten, zum Ausdruck meines Innern umformen kann. Die Liebe gestaltet und formt das Vorgegebene und verwandelt es zu einem Teil meiner Person.

Sich selbst lieben heißt sich annehmen. Auf den Rat, sich selbst anzunehmen, stößt man heute allerorten. Aber die Frage ist, wie ich das denn konkret tun soll. Lieben heißt gut haben, gut handhaben. Es hat etwas mit den Händen zu tun. Auch annehmen kann ich nur mit den Händen. Ich nehme etwas in meine Hände, es wird ein Teil von mir. Sich selbst annehmen heißt, sich selbst in seine Hände nehmen, zärtlich und gut mit sich umgehen. Liebe ist etwas Handgreifliches, etwas Leibhaftes. Ich gehe gut mit mir um, wenn ich meinen Leib gut behandle, ich soll ihn nicht verweichlichen, sondern durchsichtig machen auf Gott hin. Ich soll auf ihn hören. Durch Krankheit, durch Behinderungen, durch Schmerzen sagt er mir etwas über mich selbst aus. Was er mir sagt, das soll ich annehmen, in meine Hände nehmen, einen Teil von mir werden lassen, mich damit aussöhnen. Das Gleiche gilt von den Gedanken, die in mir aufsteigen. Auch sie soll ich annehmen, als einen Teil von mir akzeptieren. Aber ich soll auch unterscheiden, ob die Gedanken nicht von außen auf mich einstürmen und mich daran hindern, ich selbst zu sein. Dann muss ich auch gegen die Gedanken kämpfen und mich dadurch gut behandeln, dass ich gute Gedanken in mich einlasse, mich von ihnen heilen lasse.

Die Mönche füllten sich bewusst mit guten Gedanken an, indem sie die Bibel lasen. Bibel lesen war für sie nicht nur Gottesliebe, sondern auch ein Stück Selbstliebe. Denn die Bibel vertreibt unsere negativen Gedanken und heilt uns durch die göttlichen Gedanken, die uns unsern eigentlichen Kern erst entdecken lassen. Alle Askese ist letztlich Selbstliebe. Wir gehen gut mit uns um, wir wollen den guten Kern in uns immer mehr zum Wachsen bringen und durch die Mittel der Askese wie Disziplin, Beten, Schriftlesung, Fasten usw. das Dornengestrüpp entfernen, das uns daran hindert, uns zu entfalten und aufzublühen.

Gott lieben

Was meint Jesus und was meint das AT damit, dass wir Gott lieben sollen mit ganzem Herzen und ganzer Seele, mit all unsern Gedanken und mit all unserer Kraft? (Mk 12, 30) Wir kennen alle dieses Gebot. Aber wie sieht das aus, wenn ich Gott aus ganzem Herzen liebe? In seinen Abschiedsreden sagt Jesus: »Wenn ihr mich liebt, werdet ihr meine Gebote halten.« (Joh 14, 15) Jesus beschreibt Liebe als Verhalten, als Tun. Die Gebote halten, heißt, mit sich selbst, mit seinem Leben, mit seiner Zeit, mit der Schöpfung und mit den Menschen so umgehen, wie es Gott entspricht. Die Liebe zu Gott zeigt sich im richtigen Umgang mit seinen Spiegelungen, mit seiner Schöpfung, vor allem mit seiner höchsten Schöpfung, dem Menschen.

Wir sind immer in Gefahr, die Spiegelungen Gottes für Gott zu halten, uns so in sie zu verlieren, dass sie absolute Bedeutung für uns gewinnen. Dann werden sie für uns zu Götzen. Und dann verkehrt sich alles. Wir werden zu Sklaven, zu Sklaven des Erfolges, des Geldes, des Besitzes, der Anerkennung, zu Sklaven von Menschen, die wir anbeten, die für uns alles werden. Gott mit ganzem Herzen zu lieben, das meint, dass wir Gott an die erste Stelle rücken, dass wir alles so behandeln, wie es der Wirklichkeit entspricht, als das uns von Gott Gegebene und nicht als Gott selbst. Gott lieben ist damit letztlich der wirklichkeitsgerechte Umgang mit Menschen und Dingen, mit unserer Zeit und mit unserem Leben. Wenn mir meine Gesundheit zum höchsten Gut wird, dann kreise ich übertrieben um mich. Ich bin darauf fixiert, dass mir ja nichts schadet. Meine Gesundheit wird mir dann zum Götzen. Und schon gehe ich nicht mehr gut mit mir um. Wenn ich Gott liebe, schaue ich auch auf meine Gesundheit, ich richte mich nicht zugrunde, weil ich das und jenes noch erreichen möchte, sondern ich gönne mir Zeit und Ruhe. Aber ich kreise nicht um mich und meine Gesundheit. Ich bin frei, mich in Dienst nehmen zu lassen. Ich nehme auch die Krankheit aus Gottes Händen an, als etwas, worin er zu mir spricht, mich auf meine Grenzen hinweist, auf eine innere Unordnung, die in mir ist, oder aber einfach als das, was er mir in seinem unerklärlichen Ratschluss zumutet, vielleicht um ein Stück Unheil in dieser Welt auszuleiden.

In der Liebe gibt es keine Angst

Wer in Beziehung steht zu einem Menschen, der wird nicht so leicht von der Angst beherrscht. Das hat man sogar in Tierexperimenten herausgefunden. Wenn Ziegen in der Nähe der Mutter mit Stromstößen behandelt wurden, konnten sie dies viel leichter aushalten, als wenn sie isoliert dieser Behandlung ausgesetzt waren. Natürlich gibt es auf der Welt viele Bedrohungen, die uns Angst machen können. Wir alle sind diesen Bedrohungen ausgesetzt. Die einen sehen sie und versuchen, ihnen mit ihrer eigenen Lebensstrategie zu antworten. Die andern aber fixieren sich darauf. Sie klammern sich an alles Angsterregende, so dass es zum beherrschenden Moment des Daseins wird. Der Philosoph Ulrich Hommes meint dazu: »Es ist, als käme da eine innere Unruhe zum Vorschein, die gar nicht Antwort ist auf konkrete Bedrohung, sondern dieser vorausliegt. Man ergreift, was geeignet scheint, dass die Angst sich mit ihm verbindet.«

Der amerikanische Psychologe Irvin Yalom nennt diese Beziehungslosigkeit »existentielle Isolation«. Der Mensch ist nicht mehr geborgen in der Welt. Er hat keine tragende Beziehung zu ihr, aber auch nicht mehr zu anderen Menschen, ja nicht einmal zu sich selbst. Yalom zitiert Erich Fromm, der in seiner »Kunst des Liebens« davon spricht, dass die Erfahrung des Abgetrenntseins, des Alleinseins und Abgesondertseins Angst erregt, und feststellt: »Ja sie ist tatsächlich die Quelle aller Angst.« Wer sich allein auf sich gestellt weiß, der hat Angst, die Welt könne über ihn herfallen und er sei ihr dann hilflos ausgeliefert. Daher ist die Erfahrung der Liebe eine entscheidende Hilfe, um die Angst, die in der Isolation auftritt, überwinden zu können.

Daher geht es nicht nur darum, mit der Angst fertig zu werden, sondern zu fragen, warum mir die Bedrohungen von außen soviel Angst machen. Und da stoßen wir auf die eigene Beziehungslosigkeit. Daher braucht es Erfahrungen von Geborgensein und Getragensein, um mit unserer Angst besser zurecht zu kommen. Letztlich geht es um die Erfahrung der Liebe, die es mir ermöglicht, auf die Bedrohungen von außen nicht mit Angst zu reagieren, sondern mit Vertrauen – und mit der Hoffnung, dass ich die Herausforderungen des Lebens bestehen werde. Ulrich Hommes nennt die Liebe das eigentliche Bollwerk gegen die Angst: »Was hilft gegen die Angst, wenn nichts anderes mehr hilft, ist Liebe. Liebe, die mir entgegengebracht wird, und Liebe, die ich selbst gebe. Angst kann man ja auch beschreiben als Antwort auf das Gefühl, dass irgend etwas oder irgend jemand es nicht gut mit mir meint.«

Dies ist auch die Perspektive der Bibel. Schon der 1. Johannesbrief hat diese Erfahrung der Angstüberwindung durch die Liebe in die Worte gefasst: »Furcht gibt es in der Liebe nicht, sondern die vollkommene Liebe vertreibt die Furcht. Denn die Furcht rechnet mit Strafe, und wer sich fürchtet, dessen Liebe ist nicht vollendet.« (1 Joh 4,18) Johannes spricht hier weder von der Liebe zu Gott noch von der Liebe zum Nächsten, vielmehr von der Liebe, die von Gott stammt, aber im Menschen eine eigene Kraft ist, die sein Leben verwandeln kann. Die Liebe ist wie ein Feuer, das uns wärmt, und wie eine Quelle, die uns durchströmt. Wer diese Liebe in sich spürt, der ist frei von Angst. Die Liebe ist ein Wohlwollen allem gegenüber, sie ist Bejahung dessen, was ist. Und in der Liebe weiß ich mich ganz und gar von Gott angenommen. Wenn die Liebe in mir strömt, dann gibt es in mir nichts, was ich selbst nicht akzeptieren könnte. Denn die Liebe berührt alles in mir. Die eigentliche Überwindung der Angst besteht für Johannes daher in der Erfahrung der Liebe. Der Weg, diese Liebe in sich zu erfahren, ist im Johannesevangelium die Meditation Jesu Christi. In ihm ist Gottes Liebe sichtbar erschienen. Sie ist am Kreuz vollendet worden. Dort hat sie alles Gegensätzliche im Menschen durchdrungen. Die vollkommene Liebe, die am Kreuz Jesu aufgeleuchtet ist, vertreibt alle Furcht. Es gibt nichts mehr, wovor wir uns fürchten müssten. Denn alle Gegensätze in uns sind von der Liebe erfüllt. Die Liebe reicht bis in die Tiefe unseres Unbewussten. Sie hebt die intrapersonale Isolation auf, unter der Yalom das Abspalten von inneren Bereichen versteht. Der Blick auf die am Kreuz sichtbar gewordene Liebe, die alles miteinander versöhnt, kann die Angst vor den abgespaltenen Teilen in uns auflösen und das Auseinanderfallen des Selbst verhindern. Es gibt keine Abgründe mehr in uns, in denen nicht die Liebe wohnt.

Die Furcht rechnet mit Strafe. Das griechische Wort »kolasis« meint das Endgericht. Hier wird eine Angst angesprochen, die in der Vergangenheit zahllose Christen gequält hat: die Angst vor dem Gericht, die Angst vor Verdammung, die Angst, für immer verloren zu sein. Diese Angst hat Martin Luther geplagt. Er hat seine Angst in der Rechtfertigungslehre überwunden, die er im Blick auf das Kreuz Jesu entfaltet hat. Dort hat er auf die Liebe Gottes geschaut, die uns vor aller eigenen Leistung umfängt. Weil Gott uns im Kreuz Jesu Christi seine bedingungslose Liebe gezeigt hat, hat er uns befreit von der Angst, wir könnten Gott nicht genügen. Wir müssen uns nicht selbst gerecht machen. Wir müssen Gott und uns selbst nicht beweisen, dass wir richtig sind. Gott selbst hat uns in Jesus Christus gerecht gemacht. Für Martin Luther ist der Blick auf die am Kreuz offenbarte bedingungslose und vollkommene Liebe Jesu die Befreiung von der Angst, wir könnten gerichtet und verurteilt werden. Luther hat damit die Erfahrung des hl. Paulus aufgegriffen, der in seiner pharisäischen Zeit seinen Wert vor Gott durch Erfüllung des Gesetzes beweisen wollte und dann in Christus erfahren hat: Nichts kann »uns scheiden von der Liebe Gottes, die in Christus Jesus ist, unserem Herrn« (Röm 8,39).

Die Strafe müssen wir aber nicht nur als Endgericht verstehen, sondern auch als Bild für die Selbstbestrafung, zu der viele Menschen neigen. In uns gibt es eine Tendenz, uns selbst zu bestrafen, uns zu verurteilen und zu richten. Ich habe Angst vor dem in mir, was ich verurteile. Die Selbstbestrafung ist die häufigste Ursache von Phobien. Da hat eine Frau etwa Angst, über die Straße zu gehen. In der Analyse erinnert sie sich an die Situation ihrer Erstkommunion. Da hatte sie in der Beichte eine Sünde vergessen zu beichten. Sie hatte Angst, Gott würde sie strafen, wenn sie zur Kommunion ginge. Auf dem Weg von der Kommunionbank zu ihrem Platz wurde sie ohnmächtig. Für diese Schuld, so meinte sie, habe Gott sie bestraft. In Tierphobien zeigt sich oft die Angst vor dem Tierhaften in mir selbst, das ich mir verbiete. Manchmal »repräsentiert das Tier die strafende oder rächende Instanz« (Bitter). Angst, die Ausdruck unserer Selbstablehnung und Selbstbestrafung ist, bewahrt uns vor dem, was wir für gefährlich erachten. So traute sich ein Mann nicht, über einen Feldweg zu gehen. Es zeigte sich: Dieser Weg war für ihn Bild für das Naturhafte, das er sich als tief religiöser Mensch verboten hatte. Gegen solche Ängste hilft nur eine Therapie, die den Ursprung des Verdrängten und Abgespaltenen anschaut und die den Menschen lehrt, sich selbst mit Liebe zu betrachten. Das Triebhafte darf sein. Wenn es mit Liebe angeschaut wird verliert es seine bedrohliche Macht.

Wenn es nichts mehr gibt in mir, was zu verurteilen ist, dann hat die Liebe die Furcht aus mir hinausgetrieben. Wer sich fürchtet, den hat die Liebe noch nicht ganz und gar durchdrungen. Wenn die Liebe alles in mir berührt, bin ich ganz und heil, dann bin ich vollendet. Die Furcht zeigt immer an, dass es noch einiges in mir gibt, wohin die Liebe noch nicht gedrungen ist. Daher besteht die Angsttherapie nach dem 1. Johannesbrief darin, die Liebe in alle Bereiche meines Leibes und meiner Seele, meines Bewussten und meines Unbewussten dringen zu lassen.

Die Liebe, die die Furcht vertreibt, bezieht sich sowohl auf die Liebe als eigene Kraft, die mich durchdringt, als auch auf die Liebe, die ich von Gott und vom Menschen her erfahre, und auf die Liebe, die ich Gott und den Menschen gegenüber empfinde. Wer sich von Gott und den Menschen bedingungslos geliebt weiß, der hat keine Angst mehr vor Ablehnung, vor Verlassenwerden, vor Scheitern. Ja selbst der Tod macht ihm keine Angst mehr, wenn er weiß, dass der Tod ihn nicht dieser Liebe berauben kann. Die Liebe ist stärker als der Tod. Und wer einen Menschen zutiefst liebt, der spürt in diesem Augenblick keine Angst. Natürlich wird die Angst dennoch immer wieder an sein Herz pochen. Er hat Angst, den, den er liebt, zu verlieren. Er hat Angst vor Krankheit und Tod. Aber im Gefühl der Liebe selbst gibt es keine Angst. Die Angst taucht in uns auf, sobald wir über die Liebe reflektieren. Doch im Nachdenken über meine Liebe bin ich nicht mehr in der Liebe. Kein Mensch kann immer in der Liebe bleiben. Daher werden wir immer wieder auch von Ängsten heimgesucht. Sobald wir aber ganz in der Liebe sind und uns selbst darin vergessen, ist in unserem Herzen auch kein Raum mehr für die Angst.

Versöhnung mit anderen

Die Versöhnung mit den Menschen, die mich in meiner Lebensgeschichte verletzt haben, ist nicht einfach eine Entscheidung des Willens. Sie ist vielmehr ein Prozess, der für mich in fünf Schritten geschieht.

Der erste Schritt verlangt, dass ich den Schmerz zulasse. Ich soll den, der mich verletzt hat, nicht zu früh entschuldigen. Ganz gleich, ob der andere mich bewußt verletzt hat oder nicht anders konnte, mir hat es weh getan. Und diesen Schmerz muss ich nochmals wahrnehmen. Ich habe mich verlassen, entwertet, nicht ernst genommen gefühlt.

Der zweite Schritt besteht darin, die Wut zuzulassen. Die Wut ist die Kraft, den, der mich verletzt hat, aus mir herauszuwerfen. Wut heißt nicht, dass ich den andern anschreie oder ihn verletze. Vielmehr besteht sie darin, eine gesunde Distanz zum andern zu haben. Ich kann mir z.B. vorsagen: Ich denke nicht mehr ständig an ihn. Ich erteile ihm Hausverbot, d.h. in meiner Wohnung verbiete ich mir, mich innerlich ständig mit ihm zu beschäftigen. Zugleich muss ich diese Wut in Kraft verwandeln: Ich kann selber leben. Ich brauche den andern nicht, damit mein Leben gelingt.

Der dritte Schritt bezieht sich auf das objektive Anschauen dessen, was geschehen ist. Jetzt versuche ich zu verstehen, warum der andere mich verletzt hat. Vielleicht hat er nur seine eigenen Verletzungen weiter gegeben. Und ich versuche, mich selbst zu verstehen, warum mir das Verhalten des andern so weh getan hat. Vielleicht hat der andere eine alte Wunde in mir berührt, die Stelle, an der ich noch nicht mit mir versöhnt bin. Dann ist das

Nachdenken eine Einladung, mich mit dieser empfindlichen Stelle zu beschäftigen und mich selber mit meiner Empfindlichkeit anzunehmen.

Erst der vierte Schritt der Versöhnung mit dem andern besteht im Akt der Vergebung. Vergebung heißt, dass ich mich befreie von der Bindung an den andern. Ich lasse sein Verhalten bei ihm. Ich löse mich von ihm. Vergebung ist immer ein Zeichen von Stärke und nicht von Schwäche. Ich verzichte darauf, ständig um die Verletzungen zu kreisen. Wenn die Verletzung sehr tief ging, kann ich dem andern trotz meiner Vergebung noch nicht begegnen. Ich muss dann meine eigene Grenze akzeptieren. Ich habe dem andern vergeben. Aber ich bin noch nicht so weit, ein normales Verhältnis zu ihm aufzubauen. Viele Psychologen haben inzwischen erkannt, dass Vergebung ein therapeutischer Akt ist. Sie ermöglicht es mir, dass die eigene Wunde heilt. Und sie befreit mich vom Kreisen um die Vergangenheit. Sie befähigt mich, mich ganz auf den gegenwärtigen Augenblick einzulassen.

Der fünfte Schritt der Versöhnung verwandelt die Wunden in Perlen. Hildegard von Bingen meint, das Gelingen des Lebens hänge davon ab, dass unsere Wunden in Perlen verwandelt werden. Wenn ich nur die ersten vier Schritte gehen würde, hätte ich immer das Gefühl, ich wäre benachteiligt, weil ich so schwer verletzt wurde. Der fünfte Schritt zeigt mir, dass in meinen Verletzungen ein kostbarer Schatz liegt. Dort wo ich verletzt wurde, zerbrachen meine Masken. Da kam ich in Berührung mit meinem wahren Selbst. Die Wunden halten mich lebendig. Sie halten meine Sehnsucht nach Gott wach. Und sie öffnen mich für die Menschen mit ihren Verletzungen.

Weil ich selbst verwundet bin, kann ich andere Menschen mit ihren Wunden besser verstehen. Viele Therapeuten und Seelsorger haben ihre Wunden zu Perlen verwandelt. Die Griechen wussten schon, dass nur der verwundete Arzt wirklich zu heilen vermag. Wenn meine Wunden in Perlen verwandelt wurden, dann grolle ich den Menschen nicht mehr, die mich verletzt haben. Die Versöhnung ist dann nicht nur etwas Passives, sondern eine Ermöglichung, meine eigenen Stärken zu entdecken und meine ganz persönliche Lebensspur in diese Welt einzugraben.

Die fünf Schritte der Versöhnung mit einem andern kann ich gehen, ohne mit dem andern zu sprechen. Oft ist es aber hilfreich, die Verletzung mit einem andern zu klären. Aber es braucht immer die Klugheit, ob das Gespräch mit dem andern wirklich angebracht ist. Wenn ich den alten Eltern sage, dass sie mich verletzt haben, werde ich sie nur verwirren und überfordern. Der Prozess der Versöhnung geschieht in mir. Oft ist es gut, mit einem Dritten darüber zu sprechen, etwa in der seelsorglichen Begleitung oder in einer Therapie. Bei den aktuellen Verletzungen muss ich für mich entscheiden, ob ich dem andern signalisiere, dass er mich verletzt hat, oder ob ich ihm innerlich vergeben kann. Wenn ich dem andern sage, dass er mich verletzt hat, soll das kein Vorwurf sein, sondern eine Information, damit er weiß, wie sein Verhalten auf mich wirkt.

Kreativer Umgang mit Konflikten

Vergeltungsmechanismen verursachen in Konflikten einen Teufelskreis der Gewalt. Jesus zeigt uns in der Bergpredigt einen kreativen Weg, um aus diesem Teufelskreis auszubrechen. Er verweist uns auf kluge Lösungen, wie wir mit jemandem umgehen können, der uns verletzt hat. Dabei stellt Jesus keine Normen auf, sondern zeigt an konkreten Beispielen, wie wir aus dem Mechanismus der Vergeltung und Abrechnung herauskommen.

Vier Beispiele zeigen, wie wir kreativ mit Konflikten umgehen sollen.

Das erste Beispiel: Oft führen wir sofort einen Prozess gegen den, der uns verletzt hat. Wir wollen unbedingt Recht bekommen. Jesus schlägt uns vor, keinen Prozess zu führen. So ist das Wort Jesu zu verstehen, das oft übersetzt wird mit: »Leistet dem, der euch etwas Böses antut, keinen Widerstand.« (Mt 5,39) Wenn wir uns als von Gott geliebte Menschen wissen, dann haben wir es nicht nötig, allen zu beweisen, dass wir im Recht sind. Wir müssen unser Recht nicht erstreiten. In aller Ruhe darzulegen, was uns als das Richtige erscheint, ist viel sinnvoller. Denn wenn wir in einem Konflikt nur auf unserem Recht bestehen, wird der andere für seinen Anspruch kämpfen. Und es gibt dann nur Sieger und Verlierer. Einer hat Recht, der andere Unrecht. Das Recht zu leben, das wir von Gott haben, ist größer als Recht zu haben vor anderen. Wenn ich das Recht habe, so zu sein, wie ich bin, gestehe ich es auch dem anderen zu. Und dazu gehört auch das Recht, eine andere Meinung zu haben als ich.

Das zweite Beispiel: »Wenn dich einer auf die rechte Wange schlägt, dann halt ihm auch die andere hin.« (Mt 5,39) Auf die Backe zu schlagen, ist bei den Juden weniger ein Zeichen von Gewalt, sondern von Entehrung. Man schlägt nicht mit dem Handinneren, sondern mit dem Handrücken. Es ist kein richtiges Schlagen, sondern mehr ein Berühren mit dem Handrücken, das ausdrückt: »Wer bist du schon? Ich verachte dich.« Wer sich von Gott geehrt weiß, braucht um seine Ehre nicht besorgt zu sein. Der andere kann mich gar nicht entehren, weil ich eine Ehre in mir habe, die mir niemand nehmen kann. Daher muss ich nicht ständig für meine Ehre kämpfen. Ich habe die Ehre in mir, sie kann mir keiner nehmen. Das Verhalten, das Jesus von uns fordert, ist kein Zeichen von Schwäche, sondern von Stärke. Wer so stark ist, dass er in sich ruht, der hat keine Angst vor entehrenden Worten anderer. Und er verunsichert den, der mich entehrt. Und vielleicht ermöglicht er ihm den Blick auf seine eigene Würde. Weil er mich nicht entehren kann, beginnt er an seine eigene Ehre zu glauben.

Das dritte Beispiel: »Wenn dich einer vor Gericht bringen will, um dir das Hemd wegzunehmen, dann lass ihm auch den Mantel.« (Mt 5,40) Den Mantel durfte bei den Juden niemand durch das Gericht erstreiten. Denn den Mantel brauche ich als wärmende Decke in der kalten Nacht. Jesus meint nun: Wer sich von Gott geschützt weiß, kann selbst den Mantel weggeben, der ihn in der Nacht vor der Kälte schützen würde. Im Bewusstsein, geschützt zu sein, kann ich mich ungeschützt auf das Gespräch einlassen. Ich muss mich nicht verschanzen hinter irgendwelchen Grundsätzen. Ich bin offen für das, was im Gespräch geschieht. Ich verstecke mich nicht hinter meinem dicken Mantel, hinter meiner Rolle, hinter meiner Maske. Ich zeige mich dem anderen, wie ich bin. Nur so kann ein Gespräch entstehen. Nur so kann eine Begegnung gelingen.

Das vierte Beispiel: »Wenn dich einer zwingen will, eine Meile mit ihm zu gehen, dann geh zwei mit ihm.« (Mt 5,41) Die römischen Besatzungssoldaten hatten damals das Recht, jeden Juden zu zwingen, eine Meile mit ihnen zu gehen entweder als Wegweiser oder als Lastenträger. Viele Juden haben dieses römische Besatzungsrecht nur zähneknirschend erfüllt. Und dabei ist ihr Hass auf die Römer gewachsen. Jesus empfiehlt, statt der einen Meile zwei mit dem römischen Soldaten zu gehen. Dann kann ich ihn unterwegs als Freund gewinnen. Er ist nicht mein Feind. Ich gehe mit ihm, lasse mich auf ihn ein. Und so kann ich ihn für mich gewinnen. Und es geht mir selber auch besser damit. Der Feind wird mir zum Freund. Das ist auch für mich weniger anstrengend und es tut mir gut, aus der Feindschaft auszusteigen und den Feind in einen Freund zu verwandeln. Auch im letzten Weltkrieg gab es immer wieder Beispiele, wie trotz des Gegeneinanders im Krieg Freundschaft zwischen einzelnen Menschen entstanden ist, Freundschaft zwischen Besetzern und Besetzten, zwischen Gefangenen und ihren Wärtern, zwischen Fremdarbeitern und ihren Arbeitgebern. Diese Freundschaften haben nach dem Krieg das Miteinander der Völker erleichtert. Mein Vater hat während des Krieges russische und polnische Zwangsarbeiter, die in den Nachbarstraßen die beschädigten Häuser ausbessern mussten, zum Mittagessen eingeladen. Da ist Freundschaft entstanden. Die Zwangsarbeiter haben es ihm gelohnt. Nach dem Krieg war unser Haus das einzige, das nicht geplündert worden ist.

Was Jesus in diesen vier Beispielen konkret aufgezeigt hat, fasst er dann zusammen in dem Wort: »Liebt eure Feinde und betet für die, die euch verfolgen.« (Mt 5,44) Bei Lukas heißt die Parallelstelle: »Liebt eure Feinde; tut denen Gutes, die euch hassen. Segnet die, die euch verfluchen, und betet für die, dich euch misshandeln.« (Lk 6,27f) Durch die Liebe kann ich die Feindschaft überwinden. Da finde ich kreative Lösungen für einen Konflikt. Ich vermeide, dass die Konfliktpartner zu erbitterten Feinden werden.

Frieden schließen

In einem kleinen Gleichnis zeigt Jesus einen Weg auf, wie zwei verfeindete Gruppen miteinander Frieden schließen können: »Wenn ein König gegen einen anderen in den Krieg zieht, setzt er sich dann nicht zuerst hin und überlegt, ob er sich mit seinen zehntausend Mann dem entgegenstellen kann, der mit zwanzigtausend gegen ihn anrückt? Kann er es nicht, dann schickt er eine Gesandtschaft, solange der andere noch weit weg ist, und bittet um Frieden.« (Lk 14,31f)

Man kann dieses Gleichnis auf der subjektiven Ebene auslegen. Dann würde es bedeuten, dass ich nicht gegen meine inneren Gegner wie Angst, Neid, Ärger, Eifersucht, Depression kämpfe, sondern mit ihnen in Verhandlungen trete. Dann kann ich aus den Feinden Freunde machen. Dann werden die inneren Gegner meine Kraft stärken. Die Angst weist mich auf neue Möglichkeiten in mir hin, der Neid lädt mich ein, meine eigenen Fähigkeiten zu entdecken, anstatt mich ständig mit anderen zu vergleichen. Die Eifersucht zeigt mir, wie stark meine Liebe ist. Indem ich die Eifersucht anerkenne, kann ich sie zugleich loslassen und dankbar sein für meine Liebe. Und die Depression will mir die Frage stellen, wo ich mich überfordere. Für mich ist dieses Gleichnis persönlich wichtig geworden. Als ich mit 19 Jahren ins Kloster eingetreten bin, dachte ich, ich könnte mit meinen zehntausend Soldaten, mit meiner Willenskraft, mit meiner Disziplin, mit meiner Askese, alle meine Feinde vernichten. Doch dann bin ich unsanft auf die Nase gefallen. Es wurde mir klar, dass ich mich nur aussöhnen kann mit meiner Angst, mit meiner Empfindlichkeit, mit meinem mangelnden Selbstvertrauen. Die Aussöhnung hat mich reifen lassen. Wenn ich mein Leben lang gegen meine inneren Feinde weiter gekämpft hätte, hätte ich meine ganze Energie in die innere Auseinandersetzung gesteckt. Aber mein Leben wäre nie fruchtbar für andere geworden. Die Feinde in mir, die mir zu Freunden geworden sind, haben mein Leben bereichert und es auch für andere fruchtbar werden lassen.

Ich möchte das Gleichnis Jesu aber bewusst auslegen in Bezug auf die Lösung eines Konfliktes in einer Gruppe. Oft betrachten wir im Konflikt den, der eine andere Meinung vertritt oder eine andere Strategie fährt, als Feind, den wir bekämpfen müssen. Wir möchten den Feind besiegen. Wir denken uns immer neue Strategien aus, um ihn mit unseren Argumenten zu erdrücken oder in die Knie zu zwingen. Doch Jesus sagt: Wir sollten uns zuerst hinsetzen und überlegen, ob das realistisch ist. Normalerweise wecken wir in dem, den wir bekämpfen, eine Gegenkraft. Und häufig unterschätzen wir diese Gegenkraft. Entspricht die Gegenkraft eher den 20.000 Soldaten, gegen die wir nur unsere 10.000 Soldaten einsetzen können? Wir haben nur unsere Argumente. Doch es kann sein, dass wir in den Konfliktgegnern Kräfte hervorrufen, die auf einer ganz anderen Ebene als unsere Argumente stehen. Und gegen diese oft irrationalen Kräfte sind wir mit unseren rein rationalen Argumenten machtlos. Daher ist es klüger, sich zuerst hinzusetzen und zu überlegen, wie wir mit den Feinden, den Konfliktgegnern umgehen sollen. Jesus sagt, wir sollen – solange wir noch unterwegs sind, solange wir uns also noch nicht in den Haaren haben – in aller Ruhe darüber nachdenken, wie wir mit den Feinden Frieden schließen können. Wir sollen schon im Vorfeld verhandeln, anstatt es auf eine harte Konfrontation ankommen zu lassen, bei der es dann nur Sieger und Verlierer gibt.

Frieden heißt im Griechischen »eirene«. Dieses Wort stammt aus der Musik. Frieden entsteht, wenn alle Töne zusammenklingen, die lauten und leisen, die hohen und tiefen, die hellen und dunklen, die Dissonanzen und Konsonanzen. Das wäre ein schönes Bild für Konfliktlösung: Jeder der Konfliktgegner hat andere Töne. Er bringt andere Stimmen in das Gespräch ein. Wenn diese Stimmen und Töne, in das Gesamtkonzert eingebunden werden könnten, dann würde ein schöneres Konzert ertönen, als wenn nur meine eigenen Töne erklingen. Zusammenklingen – das wäre ein Weg, um zum Frieden, um zur Konfliktlösung zu gelangen. Dieses Zusammenklingen zwischen den Konfliktpartnern kann aber nur gelingen, wenn ich auch in mir die hohen und tiefen Töne zusammen klingen lasse. Oft wird ein Konflikt schwierig, weil ich meinen inneren Konflikt auf den äußeren Konflikt übertrage. Nur wenn ich mit mir im Einklang bin, kann ich auch Einklang im Miteinander schaffen. Nur wenn in mir alle Töne zusammenklingen, wird es auch ein Zusammenklingen der verschiedensten Töne in der Gruppe geben. Wer in sich gespalten ist, wird auch die Gruppe spalten. Die anderen spüren instinktiv meine innere Spaltung und vertreten dann die gegensätzlichen Positionen, die auch in mir sind. Ich muss erst ein Gespräch mit den verschiedenen Stimmen in mir führen, um die verschiedenen Positionen in mir zusammen zu führen. Nur so kann dann das Gespräch mit den anderen gelingen.

Das lateinische Wort für Frieden heißt: pax. Das kommt von »pacisci«. Und das wiederum bedeutet ursprünglich: verhandeln, Gespräche führen, einen Vergleich schließen, etwas verabreden. Die Lateiner verstehen Frieden immer als einen Vergleich zwischen zwei streitenden Parteien. Und dieser Vergleich kann nur durch Gespräche geschlossen werden. In diesem Vergleich gehe ich davon aus, dass der andere das Recht hat, so zu denken, wie er denkt, so zu kämpfen, wie er kämpft. Im Gespräch erkundige ich mich zuerst einmal, was er möchte und warum er dieses Ziel verfolgt. Ich bewerte das, was er möchte, nicht, sondern höre es mir erst einmal an. Dann kann ich mein Ziel darlegen und die Gründe, warum ich diese Strategie verfolge. Im Gespräch können wir dann erkennen, ob wir verschiedene Ziele verfolgen oder ob wir das gleiche Ziel haben, aber andere Wege für sinnvoll halten, um an dieses Ziel zu gelangen. Dann ist es kein Zielkonflikt, sondern ein Beurteilungskonflikt. Und dann können wir unsere verschiedenen Beurteilungen genauer anschauen und darüber diskutieren, warum wir die Situation jeweils so beurteilen. Wenn wir verschiedene Ziele verfolgen, dann wäre es wichtig, die Gründe zu hören, warum wir dieses oder jenes Ziel verfolgen. Dann kann man in aller Ruhe abwägen, welche Vor- und Nachteile dieses oder jenes Ziel hat und wie weit es mit der Philosophie unserer Firma übereinstimmt. Manchmal geht es auch um Verteilungskonflikte. Das vorhandene Geld, die zur Verfügung stehende Zeit, die verkraftbare Anzahl von Arbeitsstellen sind begrenzt. Jeder der Konfliktpartner möchte nun möglichst viel bei der Verteilung bekommen. Da geht es dann darum, das Vorhandene möglichst gerecht zu verteilen. Dabei werden die Meinungen auseinander gehen, was wirklich gerechte Verteilung ist.

Diese Art, Frieden zu schließen, wie es uns die lateinische Sprache nahe legt, unterscheidet sich von der »pax romana«, die damals unter Kaiser Augustus im ganzen Reich herrschte. Das war ein Friede, der nicht durch Verhandlungen entstand, sondern durch Waffengewalt, durch Unterwerfung. Weil Rom eine starke Militärmacht war, konnten die Römer den ganzen Mittelmeerraum beherrschen und befrieden. Aber dieser gewaltsame Friede hielt nicht lange. Und vor allem war er ständig gefährdet. Denn an allen Ecken und Enden des Reiches gab es Aufstände und daher immer wieder Kriege und gewaltsame

Unterwerfungen. Gegenüber diesem gewaltsamen Frieden verkündet Lukas uns in der Geburt Jesu den Frieden, der von Gott kommt und uns geschenkt wird durch eine Liebe, die sich in die Finsternis hinaus wagt. Und Jesus selbst zeigt uns in diesem Gleichnis, wie der wahre Frieden in uns selbst und zwischen den Menschen und Völkern möglich wird. Lukas schildert uns Jesus als den wahrhaft gerechten Menschen, der die Sehnsucht der Griechen nach Gerechtigkeit erfüllt.

Liebe und Gerechtigkeit gehören zusammen, damit ein Konflikt gelöst werden kann. Das gilt für die Konflikte in der Partnerschaft. Der Konflikt wird erst dann gelöst, wenn ich mir selbst und dem andern gerecht werde. Wenn ich – wie in der pax romana – den Frieden nur durch meine Macht erzwinge, werde ich dem andern nicht gerecht. Die Macht kann sich in meiner Fähigkeit zu argumentieren ausdrücken. Ich drücke den andern mit meinen Argumenten an die Wand. Die Macht zeigt sich manchmal auch in emotionaler Erpressung: »Wenn du das nicht tust, verletzt du mich. Dann kann ich dich nicht mehr lieben, dann habe ich keine Lust mehr zu leben.« Es gibt viele Machtspiele, mit denen wir einen Scheinfrieden erzwingen. Wenn der Partner auf meine emotionale Erpressung hin nachgibt, entsteht nur ein kurzer Friede. Er wird nicht lange halten, sondern bei der nächsten Meinungsverschiedenheit wieder aufbrechen. Bei Konflikten in der Partnerschaft gilt, was der erfahrene Eheberater Lorenz Wachinger schreibt: »Es geht darum, einen Konflikt in mühsamer Suche nach einem guten, gerechten Kompromiß auszugleichen; das bedeutet, dass sich keiner von beiden voll durchsetzt, sondern zu einem Entgegenkommen bereit ist. Es nützt absolut nichts, wenn ein Sieger und ein Besiegter übrig bleiben und einer von den Streit-Partnern sein Gesicht verliert; die Konstellation eines Siegers und Besiegten ist ihrer Natur nach unstabil, sie wird kippen und das Verhältnis umdrehen.« (Wachinger)

Wenn die Konfliktparteien nicht bereit sind, miteinander zu verhandeln, sondern sich nur bekämpfen, dann verbrauchen sie beide sehr viel Energie im Kampf gegen den anderen. Wer nur 10.000 Soldaten hat, wird seine Energie damit verschwenden, Widerstand zu leisten. Er wird Graben ausheben und sich dahinter verschanzen. Aber er hat dann keine Energie mehr für wirkliche Lösungen. Und die andere Partei mit den 20.000 Soldaten wird auf erbitterten Widerstand treffen und viel Energie dabei verlieren, diesen Widerstand zu brechen. Und selbst wenn diese Partei siegt, werden die Verlierer alles daran setzen, die Lösung auf ihre Weise zu sabotieren. Sie können das nicht mehr öffentlich. Denn öffentlich sind sie unterlegen. Aber es gibt genügend Wege, Sand ins Getriebe zu streuen, die Lösung nur halbherzig zu verfolgen, Anweisungen zu vergessen, sich zu verspäten oder irgendwelche anderen Strategien zu entwickeln, um seine unterdrückte Aggression weiterhin auszuleben.

Das Gespräch um Frieden hat das Ziel, dass die beiden Könige ihre Soldaten zusammenschließen. Dann haben sie 30.000 Soldaten, also wesentlich mehr Energie als vorher. Und ihr Land und ihr Horizont werden weiter. Das ist auch das Ziel der Konfliktlösung. Es gibt dann kein Gegeneinander mehr, sondern ein miteinander Kämpfen. Und der Horizont wird durch den Frieden, den man schließt, weiter. Das Land wird größer. Die Möglichkeiten vermehren sich.

Dem anderen trauen

Immer wieder höre ich die Klage: Ich kann den andern nicht vertrauen. Ich bin so misstrauisch. Oft sind Menschen enttäuscht worden. Sie haben dem Vater vertraut. Der hat die Familie verlassen. Eine Frau hat als Jugendliche ihrem Freund vertraut. Sie hatte gedacht, es sei die große Liebe. Doch dann hat er sie verlassen und sich einem anderen Mädchen zugewandt. So traut sie sich nicht mehr, sich auf einen Menschen einzulassen. Sie könnte ja wieder enttäuscht werden. Ich kann diese Frau gut verstehen. Sie hat keine Garantie, dass die nächste Beziehung gelingt. Ihr Vertrauen kann wieder enttäuscht werden. Aber sich deshalb endgültig zu verschließen und sich gegenüber jeder Beziehung verweigern, wäre auch nicht die Lösung. Denn oft sind solche Menschen hin- und hergerissen. Sie sehnen sich nach einer Freundschaft. Aber sobald sich ihnen ein Freund oder eine Freundin näher kommt, flüchten sie oder verschließen sie sich. So sind sie oft todunglücklich.

Ich kann für dieses Problem keine Lösung anbieten. Ich versuche, der jungen Frau Mut zu machen ihrer Sehnsucht zu trauen. Aber zugleich muss sie auch Vertrauen in sich selber entwickeln. Denn wenn sie ihren ganzen Selbstwert davon abhängig macht, dass der andere bei ihr bleibt, wird sie immer in der Angst leben, die Beziehung könnte auseinander gehen. Ich muss einen guten Stand in mir selbst haben. Dann kann ich mich für den andern öffnen. Diese Bereitschaft, mich auf den andern einzulassen, ist immer ein Risiko. Aber es geht ja nicht um alles oder nichts. Wenn ich mich auf den andern einlasse, dann spüre ich, ob das Vertrauen wächst und in mir eine Sicherheit entsteht, dass diese Frau oder dieser Mann vertrauenswürdig ist. Wenn im Entstehen der Freundschaft schon zu Beginn zu viele Probleme auftauchen, dann kann ich immer noch meiner Angst nachgeben und mich wieder zurückziehen. Ich soll meinem inneren Gefühl trauen. Und ich muss mir erlauben, dass eine Freundschaft auch wieder auseinander gehen kann. Nur wenn ich mir das erlaube, kann ich mich ohne Angst auf sie einlassen. Aber auch in der Freundschaft muss ich immer beide Pole beachten: es ist wichtig, zu mir selbst Vertrauen zu haben, meinen Gefühlen zu trauen, meine Erfahrungen ernst zu nehmen. Und gleichzeitig ist es aber auch wichtig, mich in den andern hineinzudenken und mir vorzustellen, wie es sein wird, mit ihm mein Leben zu teilen. Wenn ich bei dieser Vorstellung in Panik gerate, dann muss ich mich meiner Angst stellen. Ist die Angst ein Zeichen, dass ich mich trennen soll? Oder aber verweist mich die Angst darauf, dass ich meine übertriebenen Erwartungen an die Freundschaft zurückstecken muss? In jeder Beziehung lernen wir. Wir können nicht warten, bis wir die absolut richtige und stimmige Beziehung finden. Die werden wir nie finden. Wir müssen uns verabschieden von unserem Perfektionismus, von Sicherheitswahn und von einem Denken in den Kategorien »Alles oder nichts«. Dann kann Vertrauen wachsen. Und wir werden erfahren, wie tragfähig dieses Vertrauen für die Zukunft sein wird.

Halt in Beziehungen

Alles ändert sich rasend schnell und mit großem Getöse. Das ist eine Erfahrung besonders unserer Zeit. Um im Trubel der Ereignisse einen festen Stand zu finden, muss ich erst einmal stehen bleiben, anstatt immer weiter zu hetzen. Stehen bleiben heißt: still werden. Das Wort »Stille« kommen von »stellen«. Wenn ich diesem Zusammenhang nachmeditiere, zeigt sich eine erste Antwort auf die Frage: Ich stelle mich hin, um auf die Stille zu horchen, die um mich herum und die in mir ist. In der Stille bekomme ich einen festen Stand. Ich halte es aus bei mir. Ich weiß mich getragen. Wenn ich stehen bleibe, kann ich mich fragen: Was gibt mir Stand? Was sind meine Wurzeln, die mir Sicherheit geben? Da werde ich die Wurzeln in meiner Lebensgeschichte entdecken. Ich habe teil an den Wurzeln der Eltern und Großeltern, an den Wurzeln der Menschen in meiner Heimat. Ihre Lebenseinstellung, ihre Weisheit, ihre Art und Weise, auf die Probleme und Konflikte des Lebens zu reagieren, haben sich in mich eingeprägt. Sie geben mir Festigkeit – einen gewissen Stand. Ich habe Stehvermögen, wenn ich zu mir stehen kann, so wie ich bin. Für mich einstehen, zu mir stehen, das sind die Voraussetzungen, mitten in der Hektik der Zeit einen festen Stand zu finden. Ich muss mich nicht ständig nach den andern richten. Ich bleibe in dem stehen, der ich bin.

Auch der Glaube kann mitten in der Hektik der Verhältnisse und im turbulenten Wechsel der Möglichkeiten auch einen guten Stand geben. Der Hebräerbrief definiert den Glauben als »Feststehen in dem, was man erhofft«. (Hebr 11,1) Glauben heißt: einen guten Stand haben, feststehen können, ohne mich nach dem Wind der täglich wechselnden Meinungen drehen zu müssen. Beim Propheten Jesaja wird Glauben und Stehen zusammen gesehen: »Glaubt ihr nicht, so bleibt ihr nicht, so habt ihr kein Stehvermögen.« (Vgl. Jes 7,9) Paulus spricht davon, das wir im Glauben feststehen sollen. Wir stehen in einer größeren Wirklichkeit, die uns Halt gibt mitten in der Haltlosigkeit der Welt.

Erst wenn ich still stehe, kann ich mich fragen: Worauf kann ich bauen? Sind es die Menschen und ihre Zuwendung? Die geben nur bedingt festen Stand. Letztlich werde ich bei allem, wonach ich Ausschau halte, auf einen letzten Grund stoßen, auf dem ich mein Lebenshaus bauen kann: auf Gott. Jesus spricht davon, dass wir unser Haus auf den Felsen seiner Worte bauen sollen und nicht auf den Sand unserer Illusionen, etwa auf den Sand der Illusion, wir könnten von der Zustimmung und Zuwendung der Menschen leben.

Wir müssen also aus der Zeit heraustreten, um in ihr einen festen Stand zu finden. Der Glaube ist ein Heraustreten aus dem Strudel, um einen festen Grund zu finden, auf dem wir das Haus unseres Lebens bauen können, ohne dass es einstürzt.

Beziehung und Abgrenzung

Der entscheidende Grund, warum wir uns oft mit dem Abgrenzen schwer tun, ist wohl die Angst, wir könnten uns unbeliebt machen, wir würden eine Beziehung stören oder gar abbrechen, wir würden abgelehnt. In Wirklichkeit ist es gerade umgekehrt: Die Bejahung der eigenen Grenzen schafft gesunde Beziehungen. Ich habe die Erfahrung gemacht, dass andere mein Nein durchaus verstanden und respektiert haben, ja dass das Nein zum Anlass geworden ist, über meine und die Situation des Fragers ehrlicher zu sprechen, als wenn ich gleich Ja gesagt hätte. Das Nein bedeutet keine Ablehnung des anderen, sondern ist zugleich ein Angebot, auf eine Weise eine Beziehung aufzunehmen, die mir und dem anderen gut tut. Wenn ich immer nur ja sage, dann bin ich zwar bei vielen beliebt. Aber das Ja-Sagen verhindert in Wirklichkeit eine gesunde Beziehung. Wenn ich mich klar abgrenze, können auch die anderen von mir lernen und den Mut zur eigenen Abgrenzung finden. Ich befreie sie von ihrem schlechten Gewissen, wenn sie selber Nein sagen. Sie fühlen sich frei und lassen mir die Freiheit.

Wie Abgrenzung Beziehung schafft, das zeigt uns die Begegnung des auferstandenen Jesus mit Maria von Magdala (Joh 20,1-18). Maria von Magdala steht voller Sehnsucht schon früh morgens auf, um zum Grab zu gehen. Sie sucht den, den ihre Seele liebt. Sie möchte Jesus noch einmal sehen und ihn berühren, auch wenn er tot ist. Doch das Grab ist leer. Dreimal spricht sie davon, dass man den Herrn aus dem Grab weggenommen hat und keiner weiß, wohin man ihn gelegt hat. Beim dritten Mal sagt sie zum vermeintlichen Gärtner: »Herr, wenn du ihn weggebracht hast, sag mir, wohin du ihn gelegt hast. Dann will ich ihn holen« (Joh 20,15). Sie meint, sie könne den Leichnam für sich holen und in die Hand nehmen. In diesem Augenblick spricht Jesus sie mit ihrem Namen an: »Maria! Da wandte sie sich ihm zu und sagte auf hebräisch zu ihm: Rabbuni!« (Joh 20,16) In diesem kurzen Dialog geschieht Eins-werden. Da blitzt die Liebe zwischen ihr und Jesus auf. Sie möchte diese Liebe am liebsten festhalten. Sie umarmt Jesus. Doch der sagt: »Halte mich nicht fest; denn ich bin noch nicht zum Vater hinaufgegangen« (Joh 20,17). Jesus grenzt sich also ab. Er lässt sich nicht festhalten. Aber diese Abgrenzung zerstört nicht die Beziehung. Vielmehr ermöglicht sie eine Beziehung auf einer anderen Ebene. Im anderen ist immer etwas, das unserem Zugriff entzogen ist. Dieses Innerste, das auch in uns ist, diesen inneren Raum des Schweigens, der ist für andere unzugänglich, den dürfen wir getrost abgrenzen. Maria von Magdala fühlt sich von Jesus in Liebe angesprochen. Sie ist ihm begegnet. Sie hat eine neue Qualität von Beziehung erlebt. Diese macht sie glücklich und frei. Sie kann Jesus loslassen, weil das Wort der Liebe, das sie gehört hat, stärker ist als das Nein der Abgrenzung. Das Nein der Abgrenzung vertieft ihre Liebe.

Entscheidung für das Vertrauen

In der geistlichen Begleitung höre ich oft, dass Menschen erleben mussten, wie ihr Vertrauen missbraucht worden ist. Sie haben dem Freund oder der Freundin etwas erzählt. Nun benutzt sie es gegen einen. Sie erzählt es ihrer Freundin weiter. Und auf einmal weiß die ganze Straße, was ich der Freundin im Vertrauen erzählt habe. Oder aber der Freund missbraucht das Vertrauen der Freundin. Er weiß, dass sie ihn liebt und ihm vertraut. So geht er leichtsinnig noch eine andere Freundschaft ein und trifft sich mit heimlich mit der anderen Frau. Oder ein Ehepaar hat jahrelang ineinander Vertrauen gehabt. Jetzt offenbart der Mann der Frau auf einmal, dass er sie nie geliebt habe. Solche Verletzungen machen einen Menschen unfähig, wieder Vertrauen zu gewinnen. Zumindest hinterlassen sie in ihm ein tiefes Misstrauen. Er hatte gedacht, sich auf den andern und auf sein Gefühl verlassen zu können. Doch offensichtlich hat er sich getäuscht.

Wer solche Verletzungen seines Vertrauens erlebt hat, tut sich schwer, wieder neu Vertrauen zu fassen. Er hat Angst, sich auf einen Freund oder eine Freundin einzulassen. Es könnte ja wieder nur Einbildung sein. Ich könnte ja wieder so enttäuscht werden. Verletzungen des Vertrauens tun weh. Sie hinter lassen eine tiefe Wunde in meiner Seele. Denn im Vertrauen habe ich mich weit geöffnet. Wenn der andere das, was ich ihm im Vertrauen erzählt habe, überall heraus posaunt oder gar noch lächerlich macht, dann traue ich mich nie mehr, etwas von mir zu erzählen. Ich verschließe mich immer mehr. Aber damit schneide ich mich nur vom Leben ab. Ich kenne die Tendenz, dem andern nie mehr etwas von mir zu erzählen. Aber wenn ich diese Tendenz in mir wahrnehme, sage ich mir: »Lieber weiterhin vertrauen und im Vertrauen verletzt werden, als mich verschließen und nur misstrauisch durch die Welt zu laufen.« Es tut zwar weh, wenn mein Vertrauen missbraucht worden ist. Aber ich stehe zu mir. Ich sage weiterhin das, was ich für richtig halte. Ich lasse mich nicht von dem, der mein Vertrauen missbraucht hat, für die Zukunft daran hindern, einem andern zu vertrauen. Ich weiß, dass das nicht so einfach ist. Wenn das Vertrauen brüchig geworden ist, braucht es Zeit, bis es wieder wächst. Aber es ist für mich auch eine Sache der Entscheidung. Ich entscheide mich für das Vertrauen, auch mit dem Risiko, dass es verletzt ist. Das ist für mich wirkliches Leben. Das Verschließen hindert mich daran, zu leben. Mein Leben würde immer mehr reduziert. In mir ist die Sehnsucht nach Vertrauen. Auch wenn das Vertrauen missbraucht worden ist, traue ich meiner Sehnsucht nach dem Vertrauen. Und in meiner Sehnsucht nach Vertrauen komme ich schon in Berührung mit dem Vertrauen, dass trotz allen Misstrauens weiterhin in meiner Seele schlummert.

Dem Armen ins Auge sehen

Die Beispielerzählung vom reichen Mann und dem armen Lazarus im Lukasevangelium (16,19–31) will uns vordergründig davor warnen, uns in unserem Reichtum so einzurichten, daß wir den Armen vor der eigenen Haustüre übersehen.

Der Name Lazarus (= Gott hilft) weist schon darauf hin, daß die Armen der besonderen Hilfe Gottes sicher sein dürfen. So will uns das Gleichnis mahnen, unser Herz nicht an den Reichtum zu hängen. Und es will die Armen ermutigen, ihre Hoffnung auf ein erfülltes Leben nicht aufzugeben.

Man kann das Gleichnis anders deuten. Dann sind der reiche Mann und Lazarus zwei Seiten in uns, und Himmel und Hölle sind dann auch Bilder für unseren eigenen Seelenzustand. Der reiche Mann ist ein Bild für das Ego, das nur an sich denkt, das sich völlig mit seiner Maske gleichsetzt, mit den teuren Kleidern, mit dem eigenen Ansehen und dem Ruf, den er nach außen hat. Das Ego kreist nur um sich und seine Bedürfnisse.

Lazarus steht für das Arme und Verachtete in uns, für das Verletzte und Wundgeriebene, für das Minderwertige und Verächtliche. Wenn das Ego seine minderwertigen Seiten nicht anschaut, sondern sie draußen vor der Türe den unreinen Hunden aussetzt, dann gerät es irgendwann in das Höllenfeuer seiner eigenen Unbewußtheit. Wer seine Schattenseiten lange genug verdrängt, der wird von ihnen grausam gequält. Es entsteht in ihm eine unüberbrückbare Kluft. Er fühlt sich gespalten und auseinandergerissen.

Immer wenn Jesus von der Hölle spricht, will er uns sagen: »Du bereitest Dir selbst die Hölle, wenn Du so weiter lebst. Wenn Du weiterhin der Spur der Selbstzerstörung folgst, bist Du irgendwann völlig vom Leben ausgeschlossen. Dein Leben ist dann nur noch Qual. Du siehst von ferne, wie gelingendes Leben aussehen könnte. Aber Du selbst bist davon ausgeschlossen.« Solche Botschaft will uns keine Angst machen, sondern die Augen öffnen, damit wir die Spur der Selbstzerstörung verlassen und uns auf den Weg zum Leben einlassen. Sich völlig mit Besitz in eins zu setzen, macht besessen. Der Reichtum ist nicht in sich schlecht, aber er kann unsere Maske verstärken. Dann sind wir bald nur noch Maske, ohne Beziehung zu unserem wahren Selbst und ohne Blick für die Menschen in Not, die uns täglich vor unserer Haustüre begegnen.

Der Reiche bittet Abraham, daß er Lazarus in das Haus seines Vaters schicken möge. Dort sind seine fünf Brüder. Er hat Angst um sie, daß sie genauso unbewußt leben wie er und das gleiche Schicksal der Hölle erleiden werden. Die Zahlen sind in der Bibel nie zufällig. Es sind insgesamt sechs Brüder, die sich mit ihrem Reichtum identifizieren und daher den Weg der Selbstzerstörung gehen. Sechs ist die Zahl der Unvollkommenheit. Wenn die sechs Brüder ihren siebten Bruder, den armen Lazarus, nicht in ihr Haus aufnehmen, dann bleiben sie unvollständig und dann werden sie irgendwann einmal von ihrer Spaltung eingeholt und innerlich zerrissen. Zusammen mit Lazarus werden sie sieben. Sieben ist die Zahl der Verwandlung. Wenn wir das Arme und Verachtete, das Verletzte und Gekränkte in uns annehmen, werden wir ganze Menschen, werden wir in das Bild verwandelt, das Gott sich von uns gemacht hat.

In unserer Geschichte wird die Kluft zwischen Lazarus und dem reichen Mann nicht überbrückt. So zwingt uns Jesus, einen Blick in die eigene Hölle zu werfen und uns nicht vorschnell mit der Barmherzigkeit Gottes herauszureden, daß doch alles nicht so schlimm sei. Wie die fünf Brüder sind wir oft so in uns selbst verfangen, daß uns auch die Worte der Bibel nicht davon abhalten, unserem selbstzerstörerischen Egotrip zu folgen. Ja, wir nehmen die Worte der Bibel als Bestätigung für unseren Weg.

Jesus will uns mit der Erzählung vom armen Lazarus die Augen öffnen, daß wir erkennen, wohin unser Weg führt, wenn wir das Arme und Verachtete in uns ausklammern. Wer der eigenen Wahrheit schonungslos ins Auge sieht, kann auch die erlösende Botschaft verstehen. Und die besteht darin, daß Jesus selbst in den Hades hinabgestiegen ist, um das Verdrängte, Abgestorbene, Abgespaltene in uns heraufzuholen und uns mit dem eigenen Schattenreich zu verbinden.

Wer das eigene Arme sich selbst bewußt macht, der wird auch anders mit den Armen vor seiner Haustüre umgehen. Die Verdrängung der sozialen Armut rührt ja daher, daß viele Menschen ihre eigene Armut verdrängt haben. Sie verschließen ihre Augen vor den verletzten und verzweifelten Menschen in ihrer Nähe, weil sie in ihnen ihren eigenen Verletzungen und ihrer eigenen Verzweiflung ins Auge sehen müßten. Sie weigern sich, die Armut in ihrer Umgebung wahrzunehmen, weil sie sie an die eigene Armut erinnert.

Wenn wir die Erzählung vom reichen Mann und vom armen Lazarus als innere Geschichte auslegen, dann vernachlässigen wir die soziale Dimension, die Lukas in seinem Evangelium immer wieder betont, gerade nicht. Ohne diesen Blick auf die Integration der inneren Armut würden wir leicht zu Moralisten, die jedem, der etwas besitzt, ein schlechtes Gewissen einreden, und ihn auffordern, sein Geld den Armen zu geben. Wenn unsere Hilfe für die Armen nur äußerlich bleibt, dann werden wir den Armen als Objekt benutzen, an dem wir unser schlechtes Gewissen beruhigen. Aber wir werden ihm nicht wirklich helfen. Wir werden ihn nicht in unser inneres Haus aufnehmen. Wenn wir den Armen auch in unser Herz aufnehmen, wird unsere äußere Hilfe ihn aufrichten.

Andernfalls würden wir ihn mit unseren Almosen nur entwürdigen und ihm das schlechte Gewissen weiter vermitteln, das wir an ihm loswerden möchten. Wer sich den eigenen Wunden zuwendet und ihnen seine Aufmerksamkeit und Liebe schenkt, vermag die Wunden des Nächsten zu heilen.

Andere aufrichten

Was könnte das heißen: Leben in Fülle? Ein Bild dafür ist mich die Heilung der gekrümmten Frau, von der Lukas im 13. Kapitel erzählt: Wenn wir resigniert sind, gekrümmt unter der Last des Lebens, unterdrückt von andern, erdrückt von den eigenen Problemen, zerbrochen, gebrochen – dann ist es gut, dieses Bild anzuschauen. Der Rücken ist für uns alle ein sensibler Körperbereich. Für viele ist er der Müllplatz für ihre unbearbeiteten Gefühle. Rückenschmerzen sind oft Ausdruck für nicht zugelassene Emotionen. Einer sagte mir einmal, bei ihm hätten sich alle ungeweinten Tränen in den Rücken hinein verkrochen. Der Rücken hat aber auch mit Rückgrat zu tun. In dieser Geschichte aus der Bibel wird von zwei Menschen erzählt, die kein Rückgrat haben. Das ist einmal die Frau, der man das Rückgrat buchstäblich gebrochen hat. Und dann ist da der Synagogenvorsteher, der sich einen Ersatz für sein mangelndes Rückgrat geschaffen hat. Psychologen sagen: Wenn jemand keinen väterlichen Menschen erlebt hat, der ihm das Rückgrat gestärkt und ihm Mut zum Wagnis geschenkt hat, braucht er einen Vaterersatz. Und das ist nicht selten die Ideologie, die starre Norm. Der Synagogenvorsteher verschanzt sich in der Tat hinter seiner rigiden Ideologie. Er scheint nach außen hin stark, aber in Wirklichkeit hat er kein Rückgrat. Ihn kann Jesus nicht heilen. Anders die Frau mit dem gekrümmten Rücken. Sie schaut er an, er gibt ihr Ansehen, indem er sie auffordert, zu ihm zu kommen, indem er sie hervorlockt aus ihrer Selbstisolierung. Und er spricht sie an, genauer: Er spricht das Gute in ihr an: »Frau, du hast eine unantastbare Würde. Du bist wertvoll. Du hast

Kraft. Du bist gut.« Er bestätigt seine Worte mit seinen Händen, indem er die Frau liebevoll berührt. Im gleichen Augenblick richtet sie sich auf. Das ist für mich ein wunderbares Bild für eine ganz aktuelle Weisheit: Jeder von uns kann immer wieder Menschen aufrichten. Wir spüren selber Befreiung, wenn andere Menschen durch unsere Zuwendung sich aufrichten, wenn sie ihre unantastbare Würde erfahren, die Gott ihnen schenkt, wenn sie auf einmal erleben, dass sie mehr sind als Pflichterfüller und Leistungsträger. Wenn Menschen sich geachtet fühlen, dann erfüllt sich genau diese Geschichte. Dann passiert »Leben in Fülle«.

Tiefe in allen Beziehungen

Transzendenz ist nicht etwas jenseits unserer irdischen Welt, sondern es ist die geheimnisvolle Dimension alles Seins, der Grund allen Seins: das Göttliche, das alles Irdische durchdringt. Wenn ich eine Blume bewusst wahrnehme, werde ich in ihr das Geheimnis des Göttlichen entdecken. Sie ist nicht nur Materie, wohlgeformt, in ihr drückt sich auch Gottes Schöpferkraft aus. Und wenn ich die Beziehung zu einem Menschen anschaue, so erlebe ich in der Beziehung zu ihm nicht nur seine Persönlichkeit, nicht nur die Liebe, die zwischen uns hin- und herströmt. Im andern ahne ich vielmehr das Geheimnis der göttlichen Liebe, ein Geheimnis, das ihn übersteigt. Transzendenz in Beziehungen geschieht daher nicht außerhalb der Beziehung zu den Menschen und zur Schöpfung. Sie ist die geheime Tiefe in allen Beziehungen, ein Geheimnis, das in allem anwesend ist.

Die Beziehung zum Transzendenten lässt die Beziehung zu einem Menschen nie langweilig werden. Jeder Mensch ist begrenzt, aber wenn ich in ihm auf das göttliche Geheimnis stoße, dann erlebe ich in dieser Beziehung etwas Unbegrenztes, Unendliches, Unerschöpfliches. Ebenso, wie ich nie mit meinem Staunen ans Ende komme, wenn ich in der Schönheit der Natur Geheimnis des Lebens schlechthin wahrnehme, so geht es mir auch mit den Menschen. Ohne die transzendente Dimension bin ich immer in Gefahr, die Natur oder den Mitmenschen als Objekt zu betrachten und sie für mich auszubeuten. Bei einem Menschen gerate ich leicht in die Falle, ihn für mich zu benutzen, ihn zu beurteilen und in eine Schublade meiner vielen Vorurteile zu stecken. Dann aber entgeht mir seine lebendige Einmaligkeit. Ich werde ihm nicht gerecht. Die Beziehung zum Transzendenten ist daher die Bedingung, dass die Beziehungen zu den Menschen und zu den Dingen richtig wird, das heißt: ihnen gerecht wird.

Pfingsten – Ein neues Miteinander

Wenn wir den Pfingstbericht des Evangelisten Lukas in der Apostelgeschichte lesen, sind es vor allem drei Bilder, die mich ansprechen: das Bild des Sturms, des Feuers und der neuen Sprache. Alle drei Bilder haben mit einem erneuerten Leben zu tun.

Neues Leben: Der Heilige Geist durchweht uns wie ein heftiger Sturm. Er wirbelt durcheinander, woran wir uns festhalten. Er zwingt uns, alles loszulassen und uns dem zu öffnen, was in uns einströmen möchte. Wenn wir uns in den Wind stellen, dann öffnen sich die Poren, die Wangen röten sich, neues Leben durchströmt den ganzen Leib. Der Heilige Geist – im griechischen pneuma, im lateinischen spiritus – ist aber nicht nur Sturm. Er ist auch der Atem, der uns durchdringt und verwandeln kann. Wenn wir in einem stickigen Raum nicht mehr atmen können, dann fühlen wir uns wie neu, wenn frische Luft durch das offene Fenster einströmt. So ähnlich ist die Verwandlung durch den Heiligen Geist zu verstehen. Das Haus, in dem sich die 120 Männer und Frauen der Apostelgeschichte eingeschlossen haben, in dem sie ängstlich aneinander festhalten, wird durch den Sturm geöffnet. Da wird alles Stickige herausgeweht und in das Ängstliche und Starre kommt neue Bewegung. Wir kennen alle das berühmte Wort, das Papst Johannes XXIII zur Begründung des Konzils sagte: »Macht die Fenster auf! Lasst frischen Wind herein!« Er traute dem Heiligen Geist zu, dass er eine eng gewordene Tradition erneuern kann, indem er das Verstaubte und Verkümmerte herauswehte und neues Leben einblies.

Eine neue Glut: Der Heilige Geist lässt sich in Feuerzungen auf die Jünger nieder. Feuer wärmt, erhellt und verwandelt. Im Feuer wird das Gold geläutert. Aus einem schmutzigen Metallklumpen wird reines Edelmetall. Unser Leben wandelt sich im Feuer der Taufe. Feuer ist auch ein Bild für die Liebe. Wenn ein Mensch leidenschaftlich verliebt ist, dann bekommt er feurige Augen. Lebendigkeit und Kraft geht von ihnen aus. Das Feuer kann aber auch verbrennen und zerstören. Feuer muss gebändigt werden. An Pfingsten bitten wir den Heiligen Geist, dass er das Feuer unser Leidenschaft in das Feuer der Begeisterung und der Liebe verwandle, so dass von uns ein Funken auch auf andere überspringen kann.

Wenn ein Mensch voll ist von der Glut der Liebe, dann können sich andere an ihm wärmen. Wenn wir ausgebrannt sind, kann sich niemand in unserer Nähe aufwärmen. Vom Heiligen Geist erfüllt werden, meint von der Glut der göttlichen Liebe durchdrungen sein. In uns – so sagt es das Pfingstfest – ist die Glut der göttlichen Liebe. Wir stoßen nicht nur auf die ausgebrannten Gefühle, auf die Leere unseres Herzens, tief drunten ist diese Glut: der Geist Gottes in uns. Wir feiern an Pfingsten auch den Heiligen Geist, der heute in uns ist, der uns heute durchwehen und durchglühen möchte, der heute unsere schal gewordene Liebe entfachen möchte zu neuer Glut.

Eine neue Sprache: Das dritte Bild der Verwandlung ist die neue Sprache. Die Jünger sprechen auf einmal eine Sprache, die alle verstehen. Sprache kann verwandeln. Wenn einer seine tiefsten Gefühle nicht ausdrücken kann, wenn einer die Verwundungen seiner Kindheit nicht aussprechen kann, dann kann sich in ihm nichts wandeln. Wer die Worte findet, mit denen er sein Leben einem andern erzählen kann, erfährt Heilung. Die Jünger hatten – eingeschlossen in ihr Haus – noch keine Worte, um das, was sie erlebt hatten, auszudrücken. Tod und Auferstehung Jesu waren noch unverständlich. Und weil sie keine neue Sprache hatten, um die neue Erfahrung, um ihre Gefühle und Ahnungen auszudrücken, ging von ihnen nichts aus. Sie blieben verschlossen, unfruchtbar für die Welt. An Pfingsten schenkt der Heilige Geist den Jüngern eine Sprache, die alle verstehen, die aufhorchen lässt, die Menschen herbeiströmen lässt: Eine neue, eine unerhörte Sprache.

In der Sprache drückt der Mensch sein Leben, seine Erfahrungen, seine Sehnsüchte und Ahnungen aus. Doch nicht in jeder Sprache findet der Mensch sich selbst ausgedrückt. Viele verstehen die Sprache der heutigen Kirche nicht. Wenn sie einen Hirtenbrief oder eine Enzyklika hören, gehen die Worte oft an ihnen vorbei. Dichter wissen: Nur wer das richtige Wort findet, der verwandelt die Wirklichkeit. Joseph von Eichendorff hat das in seinem Gedicht »Wünschelrute« ausgedrückt: »Und die Welt hebt an zu singen, Triffst du nur das Zauberwort.« Der Heilige Geist hat den Jüngern das Zauberwort eingegeben, das die Welt zum Klingen brachte, das im Herzen der Menschen einen neuen Klang hervorrief. Weil durch das Zauberwort der neuen Sprache jeder seinen eigenen Ton fand, entstand auf einmal ein wunderbarer Zusammenklang der vielen Menschen unterschiedlichster Herkunft. Sie geben ihre Isolierung auf. Sie strömen zusammen und aus den 12 verschiedenen Nationen wird eine einzige Gemeinde, von der Lukas später sagt, sie seien ein Herz und eine Seele geworden.

Noch heute gilt: Eine kalte Sprache führt dazu, dass sich die Menschen verschließen. Niemand will sich an unserer Kälte erkälten. Wenn das, was wir sagen, aus einem liebenden Herzen strömt, dann geht von unserer Sprache etwas aus, was die Menschen miteinander verbindet und sie öffnet für das Geheimnis des Lebens.

Ein neues Miteinander: Nur durch die Sprache wird Gemeinschaft möglich. Wir reden oft aneinander vorbei. Wenn Politiker sich in ihre immer gleichen Parolen einigeln verkommt Sprache zum Instrument der Macht und der Arroganz. Wenn in Familien Menschen nicht mehr miteinander sprechen können, wird das Zusammensein unfruchtbar. Wenn Partner unfähig sind, ihre innerste Wirklichkeit auszusprechen oder miteinander zu sprechen, zerrinnt ihre Partnerschaft wie Sand in den Fingern. An Pfingsten bitten wir um diese neue Sprache, die auch die Menschen in ihrem Herzen berührt, um eine Sprache, mit der wir unsere eigenen Nöte, unsere Sehnsüchte und Ahnungen ausdrücken können. Denn nur wenn wir eine Sprache für unsere innerste Wirklichkeit finden, kann sie sich wandeln, kann sie heil werden.

Wir bitten um eine neue Sprache für die Kirche, dass sie nicht verbrauchte Worte wiederholt, sondern immer wieder neu die Sprache findet, mit der sie heute die Liebe Gottes so verkündet, dass Menschen in ihrem Herzen getroffen werden. Und wir bitten um eine Sprache, die ein neues Miteinander stiftet. Wenn wir auf einmal die gleiche Sprache sprechen, dann entsteht Gemeinschaft, dann berühren wir das Geheimnis des andern und unser eigenes. Der Himmel öffnet sich und Gottes Geist wird erfahrbar.

VI.

Das ist Glück: Einfach leben

Die Ursache des Unglücks

Jeder Mensch strebt danach, glücklich zu sein. Doch je mehr er darauf fixiert ist, unter allen Umständen glücklich zu sein, desto weniger wird er es. Das hat schon der chinesische Weise Chuang-Tzu gewusst, der sagt: »Glück ist die Abwesenheit des Strebens nach Glück.« Glücklich bin ich in dem Augenblick, in dem ich im Einklang bin mit mir, in dem ich mich selbst vergessen kann. Ich strebe dann nach nichts. Ich bin einfach da. Ich bin frei von allen Zwängen, von allem Druck, etwas erreichen zu müssen. Heute gibt es viele Bücher über das Glück. Zugleich hat man den Eindruck, dass die Menschen noch nie so unglücklich waren wie zu unserer Zeit. Der amerikanische Sozialphilosoph Eric Hoffer ist ganz nah bei dem alten chinesischen Weisen Chuang-Tzu, wenn er die Ursache dafür gerade in der übertriebenen Suche nach Glück sieht: »Die Suche nach Glück ist eine der Hauptursachen des Unglücks.« Viele meinen, Glück könne man machen oder irgendwo finden, auf einer schönen Reise, an einem Wellness-Wochenende oder im sportlichen Erfolg. Doch das Glück sollen wir nicht irgendwo außerhalb unserer selbst suchen. Es ist schon in uns. Wir müssen bloß in uns hineinschauen und dort den Reichtum unserer Seele entdecken. Es ist in uns, wenn wir Ja sagen zu uns selbst, wenn wir dankbar sind für unser Leben und für die tausend kleinen Dinge, die uns täglich geschenkt werden.

Einfach leben – wie geht das?

»Einfach leben« – wie ist das zu verstehen? Und vor allem: Wie geht es? Für mich heißt es zuallererst: im Einklang mit mir selber leben, frei und authentisch – eben so, wie es meinem eigenen Wesen entspricht. Das setzt voraus, dass ich nicht an Äußerlichkeiten hänge und mich nicht von äußeren Ansprüchen anderer fremdbestimmen lasse, dass ich nicht gelebtwerde, sondern lebe. Einfach leben meint aber auch: im Hier und Jetzt sein, dankbar den Augenblick erfahren und genießen. Gegenüber einer Kultur, in der Haben, Besitz und Konsum im Vordergrund stehen, zielt das auf eine grundlegend andere Erfahrung: Ich bin einfach da. Ich bin im Augenblick. Ich stehe nicht unter Druck. Ich muss niemandem etwas beweisen. Ich darf einfach sein.

Das klingt simpel und scheint ganz leicht. Aber gerade diese Einfachheit fällt uns oft schwer. Dabei wissen wir: Die besten und schönsten Dinge im Leben sind nicht zu kaufen. Es gibt sie umsonst. Sie sind auch nicht schwer zu finden. Die Freuden, die uns das Leben schenkt, fallen uns auch ohne Anstrengung zu: die frische und gesunde Luft, der wärmende Sonnenstrahl, eine harmonische Landschaft, die Blume, die vor unseren Augen aufblüht. Es braucht eine innere Haltung der Offenheit, um die schönen Dinge wahrzunehmen und sich bewusst zumachen: Ich habe alles, was ich zum Glücklichsein brauche. »Wenn du erkennst, dass es dir an nichts fehlt, gehört dir die ganze Welt«, sagt Lao Tse. Dieser Satz des chinesischen Weisen atmet eine heitere Leichtigkeit: die Leichtigkeit des Seins. Und in diesem Wort steckt eine bleibende Weisheit, auch für uns heute. Darum geht es nämlich im Leben: diese Leichtigkeit des Seins wirklich mit allen Sinnen zu spüren und die heiteren Glücksaspekte des Augenblicks tatsächlich wahrzunehmen. Ob die Dinge leicht oder schwer für mich sind, hängt an meiner Sichtweise. Wer auf das Wesentliche schaut, von dem fällt vieles ab, was ihn beschwert. Weil er sich von der Heiterkeit des Seins anstecken lässt, entdeckt er auch die vielen Dinge um sich herum, die das Glück im Leben ausmachen.

Leben ist etwas ganz Selbstverständliches – und doch auch eine Kunst. Kindern fällt das leicht, Erwachsene tun sich schon schwerer. Einfach leben ist einfach, und doch müssen wir in die Lebensschule gehen, um es zu erlernen. Die Kunst des Lebens zu lehren, war die Hauptaufgabe der Philosophie seit Platon, dem wichtigsten Vertreter griechischer Philosophie (427-347 vor Christus). Zur Zeit Jesu und dann später in der Zeit der frühen Kirchenväter war es vor allem die stoische Philosophie, die die Kunst des Lebens gelehrt hat. Für die stoische Philosophie war »Einfachheit« ein zentraler Wert. Vor allem Kaiser Mark Aurel, der Philosoph auf dem Kaiserstuhl, liebt diesen Begriff. Er gebraucht das griechische Wort »haplotes«, das auch die Bibel häufig verwendet. Ausdrücklich sagt er, im wahrhaft guten Menschen müsse »alles schlicht und voll Wohlwollen« sein. Einmal ruft er sogar sich selbst zu: »Lass keine Unruhe in dir aufkommen, werde einfach!«

»Einfach sein«, das heißt für Mark Aurel, ohne Nebenabsichten seine Aufgabe zu erfüllen, sich von den Leidenschaften nicht bestimmen zu lassen und frei von Illusio-

nen zu sein, die man sich häufig über das Leben macht. Wer einfach ist, ist frei von Misstrauen gegenüber anderen. Auch der echte Philosoph sollte sich das zum Ziel nehmen. Das fängt schon damit an, dass er keine komplizierten Sätze formuliert. »Einfachheit und Bescheidenheit ist die Aufgabe der Philosophie.« Einfachheit ist aber nach der Einsicht dieses Denkers noch mehr.
Sie beschreibt das Ziel derMenschwerdung, gilt also für jeden Menschen. Der wahre Mensch ist nämlich einfach und klar, arglos und lauter, ohne Arglist und ohne Nebenabsichten. So ruft Mark Aurel aus: »Wann endlich, liebe Seele, willst du gut, einfältig (haplous), einigmit dir selbst und ohne Hülle durch sichtiger erscheinen als der dich umgebende Leib?«

Für diesen großen Philosophen der Antike ist die Einfachheit also eines der höchsten Güter, und es ist ein Ziel, um das zu ringen sich lohnt: Leben in Übereinstimmung mit der Natur, mit dem eigenen inneren Wesen und mit Gott, sowie Freiheit von zerstörerischen Leidenschaften – darum geht es ihm. Darum geht es immer noch, wenn wir nach dem richtigen Leben fragen.

Wir haben, neben der Philosophie, noch einen anderen Lehrmeister in der Kunst des Lebens: die Natur. Und dies seit Urzeiten. Am Rhythmus der Natur haben Menschen immer schon das Geheimnis ihres eigenen Lebens abgelesen und Geborgenheit gerade in der Einfachheit erfahren. Der Dichter Jean Paul hat die Erfahrung, dass er das Glück dann erlebt, wenn er sich der Natur überlässt, so ausgedrückt: »Man kann die seligsten Tage haben, ohne etwas anderes dazu zu gebrauchen als blauen Himmel und grüne Frühlingserde.«

»Einfach leben« heißt daher für mich auch: so zu so leben, wie es uns die Natur lehrt. Es heißt, uns voll Vertrauen dem Leben zu überlassen, das uns in der Natur in vielfacherWeise begegnet. Wer im Einklang mit der Natur lebt, der erfährt gerade darin immer wieder Glück. Denn Glück ist wesentlich die Erfahrung, im Einklang zu sein mit mir selbst und mit allem, was ist, vor allem aber mit der Natur, in die ich hineingestellt bin. Was mein Wesen ist, das erkenne ich, indem ich die Natur betrachte, indem ich meinen eigenen Lebensweg anschaue und die Feste des Kirchenjahres feiere, an denen mir wichtige Bilder meiner Seele vor Augen geführt werden. Der tiefe Zusammenhang von Spiritualität und Lebenskunst wird gerade über den Gedanken der Einfachheit noch deutlicher.

Leben Sie also einfach so, wie es Ihrer Natur, wie es Ihrem Wesen entspricht. Jeden Monat zeigt sich das in neuer Weise. Trauen Sie dem, was Sie in der Natur sehen. Es ist auch in Ihnen. Zur Weisheit der Natur gehört ja, dass sie nicht bewertet. Wir sind Teil von ihr, und das ist auch der Grund, wieso wir in ihr auch Geborgenheit und Ruhe finden.

Wenn Sie einfach das leben, was in Ihnen ist, was Ihrem Wesen entspricht, wenn Sie dafür offen sind und nicht fixiert auf Äußerlichkeiten, dann beherrschen Sie die Kunst des gesunden Lebens. Und nichts anderes bedeutet es auch, ein spiritueller Mensch zu sein.

Alles ist in dir

»Wovor du wegläufst und wonach du dich sehnst, beides ist in dir selber.« Der indische Seelenführer Anthony de Mello hat das gesagt. Und in der Tat: Viele Menschen sind auf der Flucht vor sich selbst. Sie laufen vor ihrer Angst davon oder fliehen vor ihren Schuldgefühlen. Sie laufen vor bedrohlichen Situationen und Konflikten mit anderen davon. Doch alles, wovor sie fliehen, ist in ihnen. Sie können gar nicht vor sich selber weglaufen, denn sie nehmen alles mit. Mich erinnert das an den Mann, der versuchte, vor seinem eigenen Schatten davonzulaufen. Er steigerte sein Tempo beim Laufen, um den Schatten loszuwerden. Doch sobald er sich umsah, erblickte er wieder den Schatten. Er konnte ihn nicht abschütteln. Er hetzte weiter und rannte, bis er tot umfiel. Genauso wenig können wir das ablegen, wovor wir davonlaufen. Wir nehmen es mit. Es ist in uns. Davonzulaufen und sich abzuhetzen bringt nichts. Wir werden es auf diese Weise nie loswerden. Es bleibt uns nur eines übrig: stehen zu bleiben und uns mit dem auszusöhnen, was in uns ist.

Der erste Schritt der Aussöhnung besteht darin, dass wir uns erlauben, dass das, wovor wir am liebsten weglaufen würden, in uns bleibt und auf diese Weise nicht abzuschütteln ist. Wir verzichten darauf, es zu bewerten. Es ist, wie es ist. Und es darf so sein. Der zweite Schritt besteht dann darin, sich liebevoll dem zuzuwenden, was wir in uns so sehr ablehnen. Es gehört zu mir. Es ist ein Teil von mir. Und auch dieser Teil will geliebt werden.

Aber nicht nur dieser Angstreflex, auch die Sehnsucht ist in uns und treibt uns an: die Sehnsucht nach absoluter Heimat, Geborgenheit und Liebe. Die Sehnsucht können wir nicht totschlagen. Sie ist die Spur, die Gott in unser Herz gegraben hat, um uns an sich selbst zu erinnern. Die Sehnsucht ist in uns als eine Kraft, die uns über diese Welt hinausführt. Auch das, wonach wir uns sehnen, ist immer schon in uns. Wir sehnen uns nach Erfolg, nach Liebe, nach Anerkennung, nach Frieden, nach Heimat. All das ist schon in mir. In mir ist die Liebe. Ich brauche sie nur wahrzunehmen. In mir ist Heimat. Wenn das tiefste Geheimnis des Lebens selbst in mir wohnt, kann ich in mir selbst daheim sein. In mir ist Erfolg. Wenn ich ja sage zu mir, so wie ich bin, spüre ich mich, spüre ich Lebendigkeit und Weite. Was ist denn Erfolg? Es glückt mir etwas. Und wenn mir etwas glückt, bin ich glücklich. Das Glück ist also schon in mir. Ich muss es mir nicht erkaufen. Ich muss es nicht durch äußeren Erfolg erreichen. Ich brauche nur in Einklang zu kommen mit mir selbst, mich an dem freuen, was von mir ausgeht, dann werde ich diese beglückende Harmonie als Kraft wahrnehmen, die sich selbst genügt, aber auch nach außen strahlt. Die Anerkennung ist auch in mir. Wenn ich mich selber anerkenne, muss ich der Anerkennung nicht nachlaufen. Dann ist es nicht mehr so wichtig, ob die anderen mich anerkennen. Die eingangs zitierte Erkenntnis Anthony de Mellos lädt uns ein, unsere Sehnsüchte genau anzuschauen, immer wieder innezuhalten und uns zu vergewissern: All das, wonach ich mich sehne, das ist schon in mir. Wenn ich stehen bleibe und nach innen höre, finde ich schon alles in mir. Das ist die tiefste Wahrheit meines Lebens: Gott ist in mir. Und damit ist alles, wonach ich mich sehne, in meinem Herzen. Es geht darum, vor dieser Wahrheit nicht davonzulaufen, sondern innezuhalten und sich ihr zu stellen. So paradox es klingt: Dieses Innehalten ist die Voraussetzung für jeden menschlichen und geistlichen Fortschritt.

Im Einklang mit dem Sein

»Alle Menschen wollen glücklich sein«: Diese Sehnsucht nach Glücklichsein hat schon Platon vierhundert Jahre vor Christus formuliert. Seither haben diesen Grundsatz zahlreiche Philosophen, Theologen und Dichter in Erinnerung gerufen. Wir müssen unterscheiden zwischen dem Glück als Zustand und dem Gefühl des Glücklichsein. Das Gefühl, glücklich zu sein, ähnelt dem Gefühl der Freude. Und doch ist Glück noch etwas anderes. Manche sagen: »Ich fühle mich rundum glücklich.« In dieser Formulierung verbergen sich viele Gefühle und Gestimmtheiten. Da ist jemand dankbar und zufrieden, weil sein Leben seine tiefsten Wünsche erfüllt hat. Oder ein anderer ist glücklich, weil er gerade eine tiefe Liebe erfährt. Er liebt eine Frau und wird von ihr geliebt. Wieder ein anderer erfährt Glück, wenn er ein wunderbares Naturschauspiel erlebt. Und auch wer eine grandiose Opernaufführung erlebt, fühlt sich glücklich, weil etwas ihn berührt, was größer ist als er selbst.

Viele Menschen meinen, sie könnten Glücksgefühle erkaufen. Sie buchen ein Wellness-Wochenende und erhoffen sich davon, dass sie sich glücklich fühlen. Doch Glück kann man nicht kaufen. Auch noch soviel Geld zu verdienen, macht nicht glücklich. Glück – so sagen die Philosophen – heißt: mit sich selbst im Einklang sein, mit seinem Leben einverstanden sein. Es heißt, dass ich

Freude empfinde über das, was ich Tag für Tag erlebe. Es braucht also eine innere Haltung, um Glück empfinden zu können. Entscheidend ist die Fähigkeit, das, was ich erlebe, jetzt in diesem Augenblick zu genießen. Wer ständig dem Glück nachjagt, wird es verfehlen. Die krampfhafte Suche nach dem Glück geht ins Leere.

Jesus zeigt in den Seligpreisungen der Bergpredigt wichtige Bedingungen, damit der Mensch Glück empfinden kann. Da ist einmal die innere Freiheit dem Besitz gegenüber, das Nicht-Anhaften, wie die Buddhisten das nennen. Dann gehört die Barmherzigkeit sich selbst und anderen gegenüber dazu. Wer zu hart mich sich umgeht, der wird nie glücklich sein. Und es gehört auch das Streben nach den Tugenden dazu, vor allem nach der Gerechtigkeit. Nur wenn ich mir selbst und den Menschen um mich herum gerecht werde, werde ich Glück erfahren. Jesus verspricht uns in den acht Seligpreisungen keine heile Welt, sondern einen Weg zum Glück mitten in der Realität dieser Welt, auch im Angefochtensein und in der Ablehnung durch andere. Die Kunst besteht darin, glücklich zu sein, auch wenn ich von anderen beschimpft werde. Es geht um ein inneres Glück, das mir niemand rauben kann. Für Jesus besteht dieses innere Glück darin, dass das Reich Gottes in uns ist. Dort wo Gott in uns herrscht, sind wir frei von der Macht der Menschen. Dort sind wir auch in Berührung mit unserem wahren Selbst, mit dem ursprünglichen Bild, das Gott sich von uns gemacht hat. Und wenn wir in Berührung sind mit diesem unverfälschten Bild Gottes in uns, dann sind wir glücklich, dann sind wir im Einklang mit uns selbst. Dann setzen wir uns nicht unter Druck, Glück empfinden zu müssen. Wir sind einfach ganz wir selbst. Das reine Sein – so könnte man philosophisch sagen – bedeutet Glück. Reines Sein heißt: Ich muss mich nicht beweisen, ich muss keine Anerkennung erfahren, ich muss auch nicht Glück erfahren. Wenn ich einfach bin, dann bin ich auch glücklich. Denn jedes Seiende, das ganz mit dem Sein in Einklang ist, ist glücklich. Theologisch gesprochen: Wenn ich mit dem, was Gott mir geschenkt hat, übereinstimme, dann erfahre ich Glück.

Heil und ganz

»Einklang« und »einfach« haben dieselbe Wurzel. Es geht um das Eine und Einfache, um den einen Klang, der einfach tönt, und um die Kunst, die vielen Töne zu einem einzigen werden zu lassen. Wer in sich die vielen Töne zu einem einzigen Klang vereint, der ist einfach geworden, so wie die frühen Kirchenväter Einfachheit verstanden haben. Er ist in ihrem Verständnis letztlich eins geworden mit dem Urklang, eins geworden mit Gott, dem Ursprung allen Seins. Und aus diesem Einssein heraus lebt er einfach, als einer und als einfacher Mensch. Er ist in sich klar und lauter geworden, durchsichtig auf das Eine hin.

Abraham Heschel sagt von dem »Einfach-da-sein«, dass es ein Segen ist. Was ist damit gemeint? Wohl folgendes: Wer einfach da ist, ohne Nebenabsichten, der ist für die Menschen, die ihm begegnen, ein Segen. Er muss, auch und gerade in schwierigen Situationen, für die andern gar nicht viel tun. Er ist einfach da bei dem, der sein

Dasein braucht, bei dem Kranken, der eines andern bedarf, der einfach bei ihm aushält, ohne frommen Worte, ohne mit irgendwelchen Sinnsprüchen seine Krankheit zu deuten. Er ist einfach da bei dem Trauernden, der untröstlich ist und keine vertröstenden Worte aushält. Er möchte nur einen haben, der einfach da ist, ohne etwas zu sagen, der da ist ohne Vorwurf, ohne Erklärung, ohne Erwartungsdruck, dass die Trauer sich legen muss.

Wer einfach da ist, ohne zweckgerichtete Interessen, der ist auch ein Segen für die Schöpfung. Er ist im Einklang mit der Schöpfung. Er benützt sie nicht für sich, er beutet sie nicht aus. Er ist einfach, mit der Schöpfung und in ihr. Als Teil der Schöpfung blüht er als dieser einmalige Mensch auf. Er wird zum Segen für seine Umgebung.

Abraham Heschel schreibt dem einfachen Leben noch eine andere Qualität zu, die uns zunächst fremd anmutet: Heiligkeit. »Einfach nur leben ist heilig«. Wenn wir auf das Wort und seine Bedeutung näher hinhören, verstehen wir eher, was gemeint ist. Das deutsche Wort »heilig« kommt von »heil«, das »gesund, unversehrt, ganz, vollständig« bedeutet. Wer einfach lebt, der ist nicht zerrissen. Er ist heil und ganz. Er lebt mit allem, was er ist. Er lebt vollständig. Das lateinische Wort für »heilig« ist »sanctus«. Es kommt von »sancire« abgrenzen, der Welt entziehen. Das Heilige ist das, was der Welt entzogen ist, worüber die Welt keine Macht hat. Wer einfach lebt, der ist ganz bei sich. Er ist nicht von der Welt bestimmt. Er gehört sich selbst und er gehört Gott. Die Welt hat keine Macht über ihn. Das griechische Wort »hagios« meint etwas Ähnliches. »Hagios« führt im Deutschen zu »Gehege« und zu »behaglich«. Im heiligen Raum des Geheges fühle ich mich behaglich und geschützt. »Einfach nur leben ist heilig«, dieser Satz bedeutet für mich: Ich lebe ganz im Augenblick, ich lebe ganz in Gott. Das macht mich heilig. Das befreit mich von der Macht der Welt, von der Macht der Leidenschaften und Triebe, von der Macht der maßlosen Sucht nach Anerkennung und Erfolg. Dieses einfache Leben geschieht ihm Gehege, im Schutz Gottes. Dort ist es behaglich. Dort fühle ich mich daheim.

Heinrich Spaemann macht darauf aufmerksam, dass in der Bibel das Wort »heilig« zum ersten Mal in Verbindung mit dem siebten Schöpfungstag vorkommt. Gott heiligt den siebten Tag. »An ihm ruhte er von allem Werk, das er schuf.« (Gen 2,3) Die Heiligkeit des siebten Tages hat also in der Ruhe Gottes ihren tiefsten Grund. Ruhen meint Ausruhen von den Werken. Diese Ruhe ist heilig. In ihr bin ich frei von dem Drang, etwas leisten zu müssen. Ich kann das Dasein genießen. Ich bin einfach nur da. Das ist heilig: Wenn wir einfach nur leben, haben wir teil an der Sabbatruhe Gottes. Da sind wir frei von aller Sorge. Da sind wir im Einklang mit uns selbst, mit Gott und mit dem Augenblick. So will uns das Loslassen der Sorgen in die Sabbatruhe Gottes führen, in ein Leben im Einklang mit uns selbst, in das »einfach nur leben«, das heilig ist. Nach dieser Ruhe, dieser inneren Zufriedenheit, sucht unser Herz. Und was anderes als diese Herzensruhe meint zutiefst – Glück?

Freude – Weite des Herzens

Der alttestamentliche Weisheitslehrer Kohelet gibt am Ende seiner eher pessimistischen Sicht des Menschen den Rat: »Also: Iß freudig dein Brot, und trink vergnügt deinen Wein.« (Koh 9,7) Kohelet geht also davon aus, dass der Mensch bei allem Leid, das ihn auch trifft, für die Freude geschaffen ist. Doch kann ich mein Brot freudig essen, wenn es mir nicht gut geht? Offensichtlich liegt es doch an uns, bei allem Leid, das uns immer wieder trifft, uns für die Freude zu entscheiden. Doch Freude ist nicht einfach ein Gefühl, das ich auf Befehl in mir hervorrufen kann. Freude ist Ausdruck erfüllten Lebens. Ich kann also nicht die Freude an sich anstreben. Doch ich kann versuchen, mein Leben mit allen Sinnen zu leben. Dann werde ich auch mit der Freude in Berührung kommen, die in mir ist. Je bewusster ich lebe, desto mehr werde ich die Freude in mir spüren. In jedem von uns liegt auf dem Grund seiner Seele Freude bereit. Aber oft sind wir von dieser Freude abgeschnitten. Wir können es üben, mit der inneren Freude in Berührung zu kommen. Sie weitet unser Herz. Wenn wir die Freude in uns spüren, geht uns manches leichter von der Hand. Dann bekommt unser Leben einen anderen Geschmack. Und es ist heilsam für unser ganzes Leben, wenn die Freude den Raum in uns einnimmt, der ihr eigentlich zukommt.

Freude ist eine gehobene Emotion, sagt die Psychologin Verena Kast. Sie tut der Seele gut. Sie macht die Seele weit, sie beschwingt uns, sie lässt das Leben leichter werden. Und die Freude verbindet uns mit anderen Menschen. Freude drängt uns, sie mit anderen zu teilen.

Geteilte Freude ist doppelte Freude, sagt das Sprichwort. Freude schafft Beziehung. Sie schenkt uns Lebendigkeit. Die Freude stärkt unsere Gesundheit. Das wussten schon die Weisen des Alten Testamentes: »Ein fröhliches Herz tut dem Leib wohl, ein bedrücktes Gemüt lässt die Glieder verdorren.« (Spr 17,22) Wer sich wohlfühlt, der tut auch seinem Leib etwas Gutes. Freude wirkt gesundheitsfördernd. Wer bekümmert und sorgenvoll zu Bett geht, den quälen die Sorgen oft noch während des Schlafes. Doch »der Schlaf des Fröhlichen wirkt wie eine Mahlzeit, das Essen schlägt gut bei ihm an.« (Sir 30,25)

Wir können weder uns selbst noch andere zur Freude zwingen. Doch manchmal braucht es offensichtlich einen Aufruf zur Freude. So hat Paulus aus dem Gefängnis heraus die Philipper aufgerufen: »Freut euch im Herrn zu jeder Zeit! Noch einmal sage ich: Freut euch!« (Phil 4,4) Wir merken oft gar nicht, wie wir unsere Unlust zelebrieren, wie wir uns fixieren auf das Negative. Es gibt genügend Gründe, sich zu freuen. Es gibt nicht nur die Freude im Herrn, von der Paulus schreibt. Es gibt auch die vielen kleinen Dinge, über die wir uns täglich freuen können: den erfrischenden Morgen, die aufgehende Sonne, die schöne Landschaft, in der ich wandere, den Menschen, der mir freundlich begegnet und mich anstrahlt. Es braucht offene Augen, um mich an meinem Leben freuen zu können. Gerade wenn wir offen sind für das, was uns begegnet, kommen wir mit der Freude in uns in Berührung. Die Psychologin Verena Kast sagt, dass Freude nichts kostet außer Aufmerksamkeit: »Wir sehen etwas Schönes, wir hören etwas, das uns ergreift, packt, etwas kommt zum Blühen …« Und wenn wir vor

Freude Luftsprünge machen können, so sagt sie, dann wird deutlich, dass Freude ein Gegengewicht zur Erdenschwere ist und zur Dunkelheit. »Freude suggeriert uns eine mögliche Verbundenheit mit etwas, was über uns hinausgeht.«

So hat es Jesus selbst verstanden. Im Johannesevangelium fordert er uns nicht zur Freude auf, sondern er sagt von sich, dass seine Worte uns mit der Quelle der Freude in Berührung bringen, die in uns ist: »Dies habe ich euch gesagt, damit meine Freude in euch ist und damit eure Freude angefüllt wird.« (Joh 15,11) Jesus teilt durch sein Sprechen die Freude, die in ihm ist, den Zuhörern mit. Wir haben teil an seiner Stimmung. Und wenn seine Worte in uns eindringen, kommen wir in Kontakt mit der Quelle der Freude, die in uns ist, die aber oft genug unter den Sorgen und Ängsten unseres Alltags verschüttet ist. Durch seine Worte steigt die Quelle der Freude vom Grund meiner Seele nach oben und erfüllt auch mein Bewusstsein, sodass ich nun bewusst die Freude wahrnehme.

So geht es uns oft auch beim Singen. Indem wir singen, spüren wir die Freude, die in der Tiefe unserer Seele schlummert. Sie wird durch das Singen oft wachgerüttelt, sodass sie unsere Stimmung prägt. Augustinus sagt: Choros kommt von Chara, das Singen im Chor kommt von der Freude. Singen ist Ausdruck der Freude. Singen führt aber auch zu der Freude, die in uns ist. Das gilt von jeder Musik. Menschen, denen es nicht gut geht, kommen in Berührung mit ihrer inneren Freude, wenn sie etwa die Musik eines Mozart oder Bach oder Händel in sich eindringen lassen. Die Musik verwandelt die Stimmung unserer Seele. Sie erfüllt uns mit Freude.

Es braucht nicht viel, um sich freuen zu können. Es genügt, ganz im Augenblick zu sein. Wenn ich versuche, ganz gegenwärtig zu sein, dann freue ich mich einfach am Sein. Ich bin, also freue ich mich. Ich werde dann meinen Atem als Freude erleben. Im Atem atme ich Freude ein, Leben, Liebe, Klarheit, Frische. Ich genieße es, jetzt nichts tun zu müssen. Ich sitze da, atme, schaue, höre, rieche. Ich bin im Einklang mit mir selbst. Es braucht keine Geschenke von außen. Allein die Bereitschaft, sich jetzt gerade auf diesen Augenblick einzulassen, genügt, um Freude zu erfahren. Aber es braucht auch Übung, alle Sorgen loszulassen, sich von allen Grübeleien zu verabschieden, um ganz in diesem Augenblick zu sein.

Eine wichtige Quelle der Freude ist die Natur. Im Alten Testament gibt es einen Psalm, in dem der Beter voller Freude erzählt, was er beobachtet. Er freut sich darüber, dass Gott die Quellen hervorsprudeln lässt, aus denen die Wildesel ihren Durst stillen. Er beschreibt voller Freude die Vögel des Himmels, deren Gesang aus den Zweigen erklingt. Er preist Gott, dass er dem Menschen den Wein schenkt, »der das Herz des Menschen erfreut«. (Ps 104,15) Und er endet sein Gedicht mit den Worten: »Möge ihm mein Dichten gefallen. Ich will mich freuen am Herrn.« (Ps 104,34) Die Freude an der Schöpfung ist für ihn zugleich Freude über den Schöpfer. Die Schöpfung ist voller Freude, wenn wir sie nur mit offenen Augen und dankbarem Herzen bestaunen.
Das deutsche Wort Freude kommt von einer Wurzel, die »erregt, bewegt, lebhaft, schnell« bedeutet. Freude lässt den Puls schneller schlagen. Sie bringt die Energie im Menschen zum Fließen. Alles geht uns schneller von der

Hand. Freude schenkt dem Leben Leichtigkeit. Sie nimmt ihm das Angestrengte und Überfordernde. Wer aus dieser Freude heraus wirkt, dem gelingt mehr. Alles fällt ihm leicht. Die Erdenschwere schwindet. Die Freude drängt uns, etwas anzupacken. Sie ist eine wichtige Triebfeder der Kreativität. Wer aus Freude arbeitet, der wird nicht so leicht erschöpft. Ihm wird alles, was er tut, zur Freude. Er erfährt die Arbeit nicht als Last, sondern als etwas, das ihm Freude bereitet.

Die Bibel sieht Gott als den wahren Grund der Freude. Der Psalmist nennt Gott den »Gott meiner Freude« (Ps 43,4). Das Gottesbild dieses Beters war weit weg von dem angstmachenden Gottesbild, das manche auch heute noch in ihrer Seele tragen. Gott ist Grund der Freude. Zum Haus des Herrn zu pilgern und Gott in wunderbaren Gottesdiensten zu preisen, das erfreute das Herz des frommen Juden. Zugleich wusste er, dass Gott alle Tränen abwischen und uns immer wieder mit Freude erfüllen wird. Gott ist der Garant, dass wir uns immer wieder freuen dürfen. Das war keine euphorische Spiritualität, die die Trauer ausschließt. Vielmehr haben die frommen Beter sich auch den negativen Erfahrungen ihres Lebens gestellt. Doch sie haben erfahren, dass Gott ihre Trauer in Tanz zu wandeln vermag. Jesus greift diese alttestamentliche Sicht der Freude auf, wenn er sagt: »Jetzt seid ihr bekümmert, aber ich werde euch wieder sehen; dann wird euer Herz sich freuen, und niemand nimmt euch eure Freude.« (Joh 16,22) Die Kirchenväter nennen die Freude, von der Jesus spricht, die vollkommene Freude. Gregor von Nyssa spricht von der unzerstörbaren, unbegrenzten und immerwährenden Freude. Sie ist nicht an das Sichtbare gebunden. Sie strömt aus tieferen Schichten der Seele. Sie ist Ausdruck einer tiefen Gotteserfahrung. Wer Gott erfährt – davon ist Gregor von Nyssa überzeugt – der hat in sich eine Freude, die durch äußere Leiderfahrungen zwar überdeckt, aber letztlich nicht genommen werden kann. Das ist eine göttliche Freude.

Was der griechische Mystiker von der inneren Freude sagt, das hat der deutsche Dichter Johann Wolfgang von Goethe in die Worte gekleidet: »Die beste Freude ist das Wohnen in sich selbst.« Wenn die Seele gerne im Leib wohnt, wenn ich bei mir selbst zuhause bin, dann bin ich auch von Freude erfüllt. Freude ist Ausdruck des bewussten und erfüllten Lebens. Wer in sich selbst wohnt, der entdeckt im innersten Raum seines Lebenshauses die Freude. Sie ist immer schon in ihm, selbst wenn äußere Wolken diese Freude verdunkeln. Wenn ich mich von den Konflikten und Widrigkeiten um mich herum immer wieder in den inneren Raum meiner Seele zurückziehe, werde ich die Freude wahrnehmen. Die Mystiker sprechen vom innersten Raum der Stille, von der inneren Zelle. Und dort erfahren sie in sich den Himmel, eine himmlische Freude, wie sie im fröhlichen Gesang der Engel zum Ausdruck kommt.

Für mich ist gesorgt

»Ich bin arm und gebeugt; der Herr aber sorgt für mich.« (Ps 40,18) Das ist keine wohlfeile und wirklichkeitsfremde fromme Phrase. Das hat nichts mit unserer modernen »Versorgungsmentalität« zu tun. Und es nimmt nichts weg von der realen Situation. Aber der Psalmist ist überzeugt: Nicht ich muss für mich sorgen. Gott selbst sorgt für mich. Dieses Vertrauen bestimmt auch das Neue Testament. Aus diesem Vertrauen heraus fordert Paulus die Philipper auf: »Sorgt euch um nichts, sondern bringt in jeder Lage betend und flehend eure Bitten mit Dank vor Gott!« (Phil 4,6) Er schreibt das aus dem Gefängnis. Er weiß nicht, ob er je wieder frei kommen wird. Aber Paulus weiß von der Grundhaltung des Psalmisten. Der Mensch voller Sorgen soll seine Situation, um die er sich sorgt, im Gebet vor Gott bringen. Dann wird seine eigene Last, seine eigene Not geringer. Dann weiß er sich von Gott getragen, selbst wenn er im Kerker sitzt und um sein Leben fürchten muss. Dieser Brief des Paulus spricht uns über die Jahrhunderte hinweg unmittelbar an: Wir sollen über unsere Situation nicht einfach hinwegsehen. Doch wir sollen und nicht darauf fixieren und nicht immer nur darum kreisen. Indem wir sie vor Gott bringen, hören wir auf, uns um uns zu sorgen.

Lass los!

Manchmal erlebe ich Menschen, die sich an sich selbst festhalten. Sie meinen, alles loslassen zu können. Aber ihre herabhängenden Schultern zeigen an, dass dem nicht so ist: Sie sind innerlich gefangen. Oft braucht es lange, bis sie wirklich loslassen können. Loslassen ist eine befreiende Kunst. Denn das Festhalten bindet und blockiert uns. »Ich muss loslassen, woran ich mich geklammert hatte. Solange ich diese Tatsache als Verlust für mich auffasste, war ich unglücklich. Aber sobald ich sie unter dem Aspekt betrachtete, dass Leben im Loslassen und im Tod befreit wird, kam ein tiefer Friede über meinen Geist.« Rabindranath Tagore, der diese Einsicht formuliert hat, weiß: Wenn wir uns zu sehr an etwas klammern, werden wir handlungsunfähig. Wenn wir zu gierig etwas haben wollen, sind wir gefangen. Uns sind die Hände gebunden. Loslassen hingegen ist ein Akt der inneren Befreiung.

Loslassen kann schwierig sein, und Gelassenheit ist eine Kunst, die keinem in den Schoß fällt. Eine Kunst muss man erlernen. Das ist oft nicht ganz einfach. Es klingt eigenartig, dass man für die Gelassenheit etwas tun sollte. Es doch kein Tun, sondern ein Lassen. Aber gerade das Lassen im Tun zu üben, ist die eigentliche Kunst. Ich wünsche gerade den Menschen, die viel zu tun haben, diese Kunst. Sie besteht darin, etwas einfach geschehen zu lassen. Was wir verbissen tun, wird keinen Segen bringen. Was in Gelassenheit geschieht, das lässt der, für den es geschieht, auch lieber in sich ein. Er wird sich dann daran nicht verbeißen, sondern das Gelassene auf seiner Zunge zergehen lassen. Und sich daran erfreuen.

Sei ohne Sorge

Ingeborg Bachmann fragt in einem Gedicht (»Reklame«, 1956):

»wohin aber gehen wir
ohne sorge sei ohne sorge
wenn es dunkel und wenn es kalt wird
sei ohne sorge
aber
mit musik
was sollen wir tun«

Sie zitiert in diesen Versen mehrere Male das Wort Jesu »Sei ohne Sorge«. Aber sie hält dieses Wort Jesu in die Dunkelheit und Kälte unseres Lebens. Trägt das Wort Jesu, wenn alles in uns dunkel wird und wenn die Kälte nach unserem Herzen greift? Ingeborg Bachmann verweist auf die Musik. Sie ist für sie der Ort, an dem wir mitten in der Dunkelheit und Kälte unseres Lebens etwas von der Sorglosigkeit erahnen, von der Jesus spricht. Mozart hat in seiner Musik diese Sorglosigkeit zum Ausdruck gebracht. Aber er hat uns keine heile Welt vorgegaukelt. Er lässt die Sorglosigkeit mitten in den Ängsten und Abgründen der menschlichen Seele erklingen. Diese Sorglosigkeit ist der Ort, an den wir in der finsteren Kälte gehen können, an dem uns Heimat und Geborgenheit, Wärme und Licht entgegenströmen.

Dankbar für alles

Der Babylonische Talmud verlangt vom Menschen, dass er nicht nur an das Gute denke, sondern auch an das Schlechte, das ihn in seinem Leben getroffen hat: »Der Mensch muss für das Schlechte, das ihn trifft, Gott ebenso danken wie für das Gute.« Dankbarkeit kommt von denken. Dankbar kann in der Tat nur sein, wer zu denken versteht. Wenn ich meine Gedanken auf das richte, was Gott mir geschenkt hat, dann bin ich im Gedenken an mein Leben dankbar. Undankbar ist der, der nicht der Gaben gedenkt, die er empfangen hat, der nicht stehen bleibt, um der Geschichte seines Lebens zu gedenken. Wenn ich für alles danken kann, was mir geschieht, dann ändern sich meine Gedanken. Das Schlechte ruft dann keine Gedanken mehr in mir hervor, die mich unzufrieden machen und mich quälen. Vielmehr verwandelt die Dankbarkeit mein Denken. Ich erkenne auch im Schlechten, das mir widerfahren ist, einen Sinn. Ich erahne, dass mich das stärker macht.

Amen des Universums

Manchmal spüren wir in uns eine Liebe, die zu allem strömt, was ist. In ihr fühlen wir uns mit allem eins. Novalis hat diese Erfahrung im Blick, wenn er sagt: »Die Liebe ist das Amen des Universums.« Die Liebe erfüllt das ganze Universum. Sie strömt uns aus einer schönen Blume entgegen. Sie begegnet uns in der Schönheit der Berge. Johannes vom Kreuz nennt die Berge »mein Geliebter«. Sie waren für ihn verdichtete Liebe. Amen heißt

Bejahung. In der Liebe bejaht sich das Universum selbst. Und in der Liebe sagt das Universum Ja zu uns Menschen. Wer sich der mütterlichen Erde überlässt, indem er sich auf eine blühende Frühlingswiese legt, der fühlt dieses Amen des Universums. Er fühlt sich von Liebe durchdrungen und umgeben. Die Sonne erfüllt ihn mit Liebe, der Wind streichelt liebevoll seine Wangen. Und alles Tönen der Natur macht die Liebe für ihn hörbar.

VII.

Rat zum guten Leben

Was ist das Ziel? Was ist die Mitte?

»Die ein gutes Leben beginnen wollen,
die sollen es machen wie einer,
der einen Kreis zieht.
Hat er den Mittelpunkt des Kreises richtig angesetzt
und steht der fest,
dann wird auch die Kreislinie gut.«
(MEISTER ECKHART)

Meister Eckhart gibt einen guten Rat für den neuen Anfang: Wir sollen zuerst den Mittelpunkt unseres Lebens erkennen. Worum geht es in meinem Leben? Was ist das Ziel? Was ist meine Mitte? Meister Eckhart ist überzeugt, dass Gott der Mittelpunkt des Kreises ist, dass er die Mitte ist, um die unser Leben kreist. Ignatius von Loyola wird diesen Mittelpunkt später »Fundament« nennen. Er versteht darunter, dass Gott das eigentliche Ziel unseres Lebens ist. Wenn wir das in unserem Denken und Fühlen geklärt haben, dann wird auch unser Leben gelingen. Wenn es in allem, was wir tun, um Gott geht, dann können wir den Kreis gut zeichnen. Er wird rund werden und sich nicht irgendwohin verlieren.

Ein anderer Zugang zum Mittelpunkt, um den ich den Kreis zeichne, könnte die Frage sein: Was will ich wirklich? Worum geht es mir in meinem Leben? Oder wir könnten uns die Frage von Jesus stellen lassen, der den blinden Bartimäus fragt: »Was willst du, dass ich dir tun soll?« (Mk 10,51) Was möchte ich selber tun und was möchte ich, dass Christus an mir tut? Wenn ich mir diese beiden Fragen stelle, werde ich erkennen, dass sie mich gemeinsam in die Mitte führen, zum Grund meines Lebens. Von diesem Grund aus kann ich das Haus meines Lebens richtig bauen. Von dieser Mitte aus kann ich den Kreis meines Lebens so ansetzen, dass er gelingt.

Paradox

Die Verse lauten so:
Um zu erlangen, alles zu genießen,
suche in nichts Genuss.
Um zu erlangen, alles zu besitzen,
suche in nichts etwas zu besitzen.
Um zu erlangen, alles zu sein,
suche in nichts etwas zu sein.
Um zu erlangen, alles zu wissen,
suche in nichts etwas zu wissen.
Um zu erlangen, was du nicht verkostest,
geh dorthin, wo du nichts verkostest.
Um zu erlangen, was du nicht weißt,
geh dorthin, wo du nichts weißt.
Um zu erlangen, was du nicht besitzest,
geh dorthin, wo du nichts besitzest.
Um zu werden, was du nicht bist,
geh hin, wo du nichts bist.
Johannes vom Kreuz, Empor zum Berg Karmel

Um die Fähigkeit zu erwerben, alles genießen zu können, muss man den Weg gehen, in nichts den Genuss zu suchen. Wer alles haben will, der hat nichts. Wer sich aller Dinge entledigt, der kann sie genießen. Denn sie kommen ihm als Geschenk entgegen. Wir lernen die Fähigkeit, das Leben zu genießen, gerade an dem Ort, an dem es nichts zu genießen gibt. Dort, wo uns alles aus der Hand genommen wird, wird uns auch alles geschenkt. Dort, wo wir haben wollen, verlieren wir. Dort wo wir besitzen möchten, wird uns der Besitz entrissen. Doch dort, wo wir nichts besitzen wollen, wird uns alles zuteil. Verstehen kann man diese Verse des spanischen Mystikers letztlich nicht. Doch wenn wir sie auf uns wirken lassen, wenn wir sie ins Herz fallen lassen, dann bewirken sie etwas in uns. Dann stärken sie in uns die Ahnung vom Paradox unseres Leben: dass wir dort, wo wir nichts wissen, wo wir nach außen hin weder mit Wissen, noch mit Besitz glänzen können, alles haben und alles wissen. Wir haben in das Geheimnis Gottes geschaut. Und das genügt uns. Das erfüllt unsere tiefste Sehnsucht nach Wissen, Genießen, Besitzen und Verkosten.

Guter Rat

Das Wort »raten« hat verschiedene Bedeutungen: sich etwas überlegen, ersinnen, Vorsorge treffen, vorschlagen, empfehlen sowie erraten, deuten. In schwierigen Situationen sagen wir: »Da ist guter Rat teuer.« Rat ist wie eine Wegweisung, ein Gedanke, der einen Knoten löst, eine Hilfestellung, die man dem anderen gibt, wenn er ratlos geworden ist. Ratschläge sind heute eher verpönt: Der Therapeut soll keine Ratschläge erteilen – sie seien wie Schläge, die dem anderen nicht gut tun. Ursprünglich kommt »Ratschlagen« von »Beraten«: Wenn wir beratschlagen, dann überlegen wir uns gemeinsam einen Weg. In der Weisheit der Völker wurde der Rat immer hochgehalten. Die orientalische Weisheit etwa sagt vom Rat: »Auch das beste Pferd braucht einen Zaun, und auch der Klügste soll um Rat fragen.« Es gehört also Demut dazu, um Rat zu fragen. Wer um Rat fragt, der wird weiser. Er muss den Ratschlag ja nicht befolgen; aber den Rat eines anderen zu hören, erweitert den eigenen Horizont. Und manchmal entdeckt er andere Wege, die ich bisher nicht gesehen habe. Den Rat eines anderen soll ich immer ernst nehmen und bedenken. Dabei geht es nie darum, ihn sklavisch zu befolgen: Die Entscheidung, welchen Weg ich gehe, muss ich immer selbst treffen. Doch der Weise erbittet den Rat. Er weiß, dass viele Augen mehr sehen.

Gutes Leben beginnt so

Das gute Leben beginnt mit Achtsamkeit. Wer nicht auf sich achtet, verliert sich selbst. Wer nicht achtsam jeden Augenblick lebt, lebt an sich und an der Wirklichkeit vorbei. Es braucht Achtsamkeit, um sein Leben bewusst zu leben. Erst wenn ich aufmerksam werde, entdecke ich den Reichtum des Lebens.

Jeder neue Tag kann dies lehren: Wenn ich achtsam aufstehe, spüre ich, dass Aufstehen etwas mit Auferstehung zu tun hat. Ich auf aus dem Grab meiner Angst, aus dem Grab meiner inneren Dunkelheit. Ich stehe auf, ich stehe zu mir, ich stehe diesen Tag durch. Achtsamkeit besiegt Angst und Erstarrung. Im Kleinen und Einfachen strahlt das Eigentliche durch.

Es beginnt schon am Morgen: Sich achtsam zu waschen bedeutet nicht nur alle Bereiche des Körpers zu reinigen.

Wenn ich achtsam wahrnehme, was Waschen ist, dann reinige ich mich auch von allen Trübungen der Projektionen, die andere auf mich werfen, von den Trübungen meiner eigenen Selbstbilder. Ich wasche das Unklare ab, damit das klare und ursprüngliche Bild, das Gott sich von mir gemacht hat, zum Vorschein kommt, damit ich durchlässig werde für die Schönheit, die in mir erstrahlen soll.

Und wenn ich achtsam meinen Weg gehe, erlebe ich, was gehen auch heißen kann: Auswandern aus Abhängigkeiten, weitergehen auf meinem Weg der inneren Wandlung und zugehen auf das Ziel meines Lebens.

Alle Tätigkeiten, die ich achtsam verrichte, werden sich mir in ihrem wahren Sinn erschließen. Und ich werde die Menschen und die Dinge um mich herum anders und tiefer wahrnehmen. Ich werde sie achten. Und schließlich ich werde mit wachen Augen das Eigentliche in allen Dingen sehen.

Lebe jetzt

Man lebt nur einmal, sagt man. Das heißt: Das Leben jedes Menschen ist einmalig. Jeder Mensch ist einzigartig. Romano Guardini meint, Gott habe über jeden Menschen ein Passwort gesprochen, das nur für diesen ganz bestimmten Menschen »passt«. Unsere Aufgabe in jeder Lebensphase ist es, dieses einmalige Wort, das Gott nur über uns spricht, in dieser Welt vernehmbar werden zu lassen. Wir leben nur dann wirklich gut, wenn wir uns unserer Einzigartigkeit bewusst werden und wenn wir verinnerlichen, dass wir nur einmal leben. Jesus hat uns in seiner Predigt immer wieder ermahnt, aufzuwachen und wirklich zu leben – nicht irgendwann, sondern jetzt. Denn wir haben nur dieses eine Leben. Und das sollen wir nicht verschlafen. Leben ist immer jetzt: Wir sollen nicht einfach so dahin leben, sondern mit offenen Augen durch die Welt gehen und unsere Lebensspur bewusst in diese Welt eingraben.

Manche bekommen Angst, wenn sie sich bewusst machen, dass sie nur einmal leben. Sie stopfen alles ins Leben hinein, was schnellen Genuss verspricht. Für sie ist Älterwerden eine Katastrophe. Denn im Alter könnte ja alles zu spät sein. Aber so werden sie unfähig, ihr Leben in jedem Moment ihres Daseins wirklich zu genießen. Sie starren auf das zu kurze Leben und meinen, sie müssten alle ihre Sehnsüchte vom Leben auch ausleben. Doch da sie das nie schaffen, weil Sehnsucht keine Grenze kennt, werden sie immer hektischer und zugleich unzufriedener.

Manch einer mag dieser Einmaligkeit und Unwiderruflichkeit seines Lebens vielleicht aus dem Weg gehen, indem er an ein nochmaliges Kommen auf die Erde glaubt, an die Reinkarnation. Doch das ist für mich eine Flucht vor der Einmaligkeit des Lebens. Anstatt bewusst und intensiv zu leben, vertröste ich mich, ich hätte ja nochmals eine Chance, es besser zu machen. Doch die andere Seite der Reinkarnationslehre übergeht man dann, nämlich die, dass durch das im Hier und Jetzt ungelebte Leben ein negatives Karma das künftige Leben erschweren soll. Mir ist eine andere Alternative sympathischer: wenn Menschen die Einmaligkeit ihres Lebens als Einladung verstehen, ihr einzigartiges Leben bewusst zu leben und es auszukosten, es in allen seinen Facetten wahrzunehmen und es, hier und heute, in jeder Lebensphase, zu gestalten. Ich lebe nur einmal. Das ist auch eine Herausforderung, dieses eine Leben so gut zu gestalten, wie es mir möglich ist. Die Kunst, das einmalige Leben bewusst und intensiv zu leben, beginnt nicht mit dem Eintritt ins Alter. Vom ersten Tag an, seit unserer Geburt werden wir mit jedem Tag älter. Daher besteht die Kunst des Lebens eben in dieser Kunst des Älterwerdens: darin, sich dem inneren Wandlungsprozess des Lebens zu überlassen. Das Ziel der Verwandlung ist, dass wir mehr und mehr in die einmalige und einzigartige Gestalt hineinwachsen, die Gott uns zugedacht hat.

Sei gut zu dir und zu anderen

Gut zu dir selber zu sein, ein Herz für dich selber haben und dein Herz für andere zu öffnen, das ist nicht immer einfach. Aber es sind doch zwei Seiten einer Wirklichkeit. Die Balance zwischen beidem ist die Voraussetzung, dass dein Leben gelingt.

Versuche für dich selber herauszufinden, wie dir die Balance gelingen kann. Wenn du das Gefühl hast, dass eine Seite zu kurz kommt, ist es umso wichtiger, zu sehen, wie das Gleichgewicht wieder hergestellt werden kann.

Spüre in dich hinein, wie es dir geht: Wenn du dich ausgenutzt fühlst, dann ist es ein Alarmzeichen, dass du besser mit dir umgehen solltest.

Solange es aber fließt und dir das Engagement für andere Freude bereitet, sollst du es auch genießen. Dann tut es dir und dem andern gut.

Du fragst: Wie soll ich das Gleichgewicht zwischen dem guten Umgang mit mir selbst und dem Öffnen meines Herzens für andere finden? Wenn ich gut mit mir umgehe, dann taucht in mir sofort ein schlechtes Gewissen auf: »Ich müsste doch eigentlich mehr für andere tun. Sich selbst etwas zu gönnen, ist Egoismus.«

Solche Gedanken sollst du genauer anschauen: Sind sie berechtigt?

Oder erinnern sie dich an deine Kindheit? Sind sie bestimmt von einer Erziehung, in der dir ausgetrieben worden ist, an dich selbst zu denken? Vielleicht hast du als Kind ständig gehört, dass du nur für den andern da sein sollst und nicht für dich selbst?

Wenn das für dich zutrifft, dann ist es wichtig, dass du dich mit deinem Lebensmuster aussöhnst, aber zugleich davon distanzierst.

Diese Gedanken werden immer wieder in dir auftauchen, sobald du dir etwas Gutes tust. Aber dann sage zu dir selber:

»Ja, ich kenne diesen Gedanken, das schlechte Gewissen, wenn ich für mich sorge. Aber ich distanziere mich jetzt von diesem schlechten Gewissen. Ich gönne mir die Zeit für mich selbst. Ich traue mich, ein Bedürfnis zu erfüllen, das ich mir längst verboten hatte.«

Wenn du auf diese Weise gut mit dir umgehst, wird in dir auch wieder das Bedürfnis auftauchen, für andere zu sorgen. Denn du spürst, dass es dir letztlich auch gut tut, wenn du nicht immer nur um dich kreist, sondern auf andere zugehst und sie beschenkst.

Wenn du dich mit offenem Herzen einem andern zuwendest, dann empfängst du selber Zuwendung und Verständnis.

Und das darfst du auch mit gutem Gewissen genießen.

Du bist dankbar für dein Leben und für die Begegnung mit diesem Menschen, dem du helfen konntest, dem du dich mit offenem Herzen zugewandt hast. Diese Dankbarkeit ist gut.

Und sie tut dir selber gut.

Schütze die Werte

Wer die Werte in seinem persönlichen Leben berücksichtigt, dessen Leben wird wertvoll. Werte verleihen uns Wert und Würde. Wer sich nicht mehr an Werten orientiert, der verliert die Achtung vor sich selbst und vor den andern. Sein Leben wird immer wertloser. Das zieht ihn nach unten. Das englische Wort für »Wert« heißt »value«. Es kommt vom lateinischen Wort »valere«, das stark sein und gesund sein bedeutet. Werte geben uns also innere Stärke. Sie machen unser Leben gesund. Wenn ich auf Werte baue, wird das, was ich mit meinem Leben aufbaue, eine solide Grundlage haben. Es wird nicht so leicht wieder einstürzen, wie wir es bei Menschen beobachten können, die ihr Lebenshaus auf den Sand ihrer Illusionen oder ihrer Trugbilder bauen. Auf Dauer kann nur der bestehen, der sein Haus auf festen Grund baut.

Und so ein fester Grund sind die Werte, wie sie seit der griechischen Philosophie von allen Philosophen und Theologen immer wieder propagiert wurden: Gerechtigkeit, Tapferkeit, Maß und Klugheit und die christlichen Werte wie Glaube, Hoffnung und Liebe. Nur wer seinem eigenen Wesen gerecht wird, und wer tapfer zu dem steht, was ihm wichtig ist, wer sein Maß annimmt und nicht ständig maßlosen Bedürfnissen folgt, nur wer klug ist und die konkrete Situation richtig einschätzt, wird auf Dauer gut leben können. Und er wird auch langfristig Erfolg haben mit seinem Leben. Das gilt von dem, was er persönlich aufbaut an Partnerschaft und Freundschaft. Das gilt aber auch vom beruflichen Erfolg. Eine betriebswirtschaftliche Studie hat ergeben, dass die Firmen ihren Gewinn nicht mit dem Umsatz machen, sondern mit den Stammkunden. Den Stammkunden ist aber nicht nur der Preis wichtig, sondern auch die Ehrlichkeit, Freundlichkeit, Gerechtigkeit, Zuverlässigkeit und Echtheit, die in der Firma herrschen. Wer nur durch Tricks seinen Umsatz erhöhen will, der wird irgendwann seiner eigenen Maßlosigkeit erliegen. Die Erfahrung zeigt, dass viele Firmen, die kometenhaft aufgestiegen sind, auch genauso schnell zugrunde gegangen sind. Auf Dauer hat nur der Erfolg, der sich an die Werte hält.

Höre auf die, die dich lieben

»Höre auf den Rat derer, die dich lieben, auch wenn du ihn nur schwer einsehen kannst.« (Jüdische Weisheit) Mancher Rat passt uns gar nicht. Vielleicht ärgert er uns sogar! Doch wenn wir wissen, dass der andere uns liebt, dann sollten wir ihn ernst nehmen: Weil er uns liebt, fordert er uns mit seinem Ratschlag heraus, traut er uns etwas zu. Oft ärgert uns der Rat des anderen, gerade weil er die eigene Einsicht bestätigt. Eigentlich wussten wir schon, was wir tun sollten. Doch etwas in uns sträubt sich dagegen. Vielleicht ist uns der Weg zu beschwerlich. Und so haben viele Rationalisierungen die eigene Einsicht verdunkelt und entwertet. Das Gefühl weiß: Eigentlich müsste man diese Aufgabe loslassen. Doch dann kommen die Überlegungen: »Ich will nicht als unzuverlässig erscheinen«, »Was denken die andern von mir?«, »Ich will sie nicht enttäuschen ...«. Und so behält man die Aufgabe, obwohl man den Widerstand in sich spürt und ständig müde ist. Wenn ein anderer nun rät: »Lass die Aufgabe! Gib deine Ämter in diesem Verein auf!«, dann bringt einen das mit seinem wahren Impuls in Berührung. Aber zugleich melden sich die Rationalisierungen wieder zu Wort, und man spürt: »Ich darf mir jetzt nichts mehr vormachen. Der andere hat Recht.« Aber das einzusehen und zu befolgen, ist nicht einfach. Man müsste seine Lebensmuster, bei anderen beliebt sein und ihre Erwartungen erfüllen zu wollen, ablegen. Man müsste sein Lebensgebäude auf einem ganz anderen Grund aufbauen. Es lohnt sich, es zu versuchen.

Sei dankbar

David Steindl-Rast sagt: »Jede Dankbarkeit ist ein Ausdruck von Vertrauen. Jedes Misstrauen führt dazu, noch nicht einmal ein Geschenk als solches zu erkennen – wer könnte denn sicherstellen, dass es nicht ein Köder, ein Bestechungsversuch, eine Falle ist? Dankbarkeit hat den Mut zu vertrauen und überwindet so die Angst.« Ein dankbarer Mensch, sagt Steindl-Rast, hat einen guten Blick für das Geschenk in jeder gegebenen Lage. Er erkennt die Gelegenheit, die selbst in der schlimmsten Situation immer mitgegeben ist. Und er ergreift diese Gelegenheit. Alles, wofür für dankbar sind – und nichts sonst im Leben – gibt uns Freude. Steindl-Rast hat Recht: Wenn ich einfach dankbar annehme, was mir ein Mensch und was mir Gott täglich schenkt, dann bin ich im Einklang mit mir und der Welt. Dann bekommt mein Leben einen neuen und angenehmen Geschmack.

Dankbarkeit bedeutet für mich: Einverstandensein mit meinem Leben, im Einklang sein mit dem, der ich geworden bin. Und sie heißt für mich: Einen tiefen inneren Frieden zu spüren, zu erkennen: Es ist alles gut, so wie es ist. Zugleich ist diese Dankbarkeit aber auch von der Haltung der Demut geprägt. Ich weiß, dass ich mir nichts einbilden kann auf das, was geworden ist. Es hätte auch anders kommen können. Gott hat mich nur soviel Dunkelheit und Chaos erleben lassen, wie ich aushalten konnte. Er hat mich nie über mein Maß hinaus gefordert und geprüft. Dankbarkeit bewahrt also auch vor Stolz und schützt sie davor, mir etwas einzubilden auf eigene Leistungen oder auf meine Fähigkeiten. Ich weiß, dass all das Geschenk ist, Geschenk von Gott, aber auch von den Menschen, denen ich viel zu verdanken habe. Von ihnen habe ich gelernt, auf das Leben zu vertrauen und in allem nach Gott Ausschau zu halten.

Begegne dem Schatten

Zur Kunst der Unterscheidung gehörte für die frühen Mönche immer jene Haltung der Demut, die aus der mutigen Begegnung mit dem eigenen Schatten, der Annahme der eigenen Erdhaftigkeit rührt. Die Schattenbegegnung ist die Voraussetzung für die gute Begegnung mit anderen Menschen, damit ich die Beziehung nicht mit den eigenen verdrängten Bedürfnissen vermische. Da vermischt jemand die Begleitung eines anderen schnell mit seinem verdrängten Machbedürfnis. Ein anderer vermengt sie mit seinen verdrängten Schuldgefühlen. Er arbeitet die Schuld ab, indem er sich für andere verausgabt. Gerade bei helfenden Berufen spürt man dann bald, dass dies keinen Segen bringt. Wer aus einer solchen Quelle heraus arbeitet, wird sich nur erschöpfen und den Menschen, die er begleitet, nicht wirklich weiter helfen. Er wird sie an sich binden, anstatt sie in die Freiheit zu entlassen.

Wer seinen Schatten nicht integriert hat, der wird auch Gott nicht so sehen, wie er wirklich ist. Er wird in Gott nur die lichten Seiten hineinprojizieren. Und er wird Gott dazu benützen, seinen eigenen dunklen Seiten aus dem Weg zu gehen. Zur Gotteserkenntnis gehört auch die Begegnung mit dem dunklen Gott, mit dem Gott, der ganz anders ist, als wir es uns vorstellen, der unsere Bilder von Gott durchbricht. Die Fähigkeit zur Begegnung mit dem dunklen Gott verwandelt den Menschen und lässt ihn erwachsen und reif werden. Die demütige Begegnung mit dem eigenen Schatten ist also auch für unsere Begegnung mit Gott wichtig.

Übernimm Verantwortung

Die Philosophen verstehen unter Verantwortung die Zuständigkeit des Menschen für sein Tun und Lassen, für die Formung seiner eigenen Persönlichkeit und für die von ihm übernommenen Aufgaben in der Gesellschaft. Verantwortung ist das, was den Menschen zum Menschen macht. Der Mensch ist für sich und für sein Leben verantwortlich, verantwortlich vor Gott – so sagen die Theologen, und verantwortlich vor sich selbst und vor den Menschen – so sagen die Philosophen. Die Bibel versteht den Menschen als einen, der auf den Ruf Gottes hin antwortet. Doch was heißt das konkret? Wie und wann muss ich Verantwortung übernehmen?

Zuerst muss ich natürlich Verantwortung für mein Leben übernehmen. Ich kenne viele Menschen, die ständig andere dafür verantwortlich machen, dass ihr Leben nicht gelingt: »Die Eltern, die Lehrer und Erzieher sind schuld, dass ich verletzt worden bin und daher mein Leben nicht bewältige.« Das kann eine bequeme Strategie sein. Ich benutze meine Verletzungen als Vorwand, nicht selber leben zu müssen. Doch irgendwann muss ich in meinem Leben die Verantwortung für mich selbst übernehmen.

Das ist meine Geschichte, das sind meine Stärken, das sind meine Schwächen, meine Verletzungen und meine Erfahrungen von Geborgenheit oder Verlassenheit. Verantwortung heißt: Ich nehme diese meine Geschichte an und gestalte sie. Ich bin verantwortlich dafür, was ich aus dem, was mir vorgegeben ist, mache.

Es gehört aber auch zu unserem Leben, dass wir für andere Verantwortung übernehmen. Wenn zwei Menschen heiraten, übernehmen sie füreinander Verantwortung. Und wenn sie Kinder bekommen, sind sie für sie verantwortlich. Jeder, der eine Firma leitet, trägt Verantwortung für seine Mitarbeiter. Aber nicht nur die Führungskraft, auch jeder Mitarbeiter übernimmt Verantwortung für das Gelingen des Ganzen. Und es gilt für alle Lebensbereiche: Ohne diese Bereitschaft, verantwortlich zu sein, gelingt das Leben nicht.

Zeige echte Liebe

Ähnlich wie die frühen Mönche schätzen die Chassidim, die frommen Juden, das Mitleid als eine der wichtigsten Tugenden des Menschen. Martin Buber hat uns wunderbare Geschichten aus dem Chassidismus überliefert. In einer dieser Erzählungen sagt Rabbi Mordechai: »Mein Sohn. Wer nicht fünfzig Meilen in der Runde die Schmerzen jeder Gebärenden verspürt, dass er mit ihr leide und für sie bete und ihr Linderung erwirke, verdient nicht, ein Zaddik genannt zu werden.« Und in einer anderen Geschichte erzählt Rabbi Mosche Löb: »Wie man die Menschen lieben soll, habe ich von einem Bauern gelernt.

Der saß mit anderen Bauern in einer Schenke und trank. Lange schwieg er wie die anderen alle. Als aber sein Herz von Wein bewegt war, sprach er seinen Nachbarn an: ›Sag du, liebst du mich oder liebst du mich nicht?‹ Jener antwortete: ›Ich liebe dich sehr.‹ Er aber sprach wieder: ›Du sagst: ich liebe dich, und weißt doch nicht, was mir fehlt. Liebtest du mich in Wahrheit, du würdest es wissen.‹ Der andre vermochte kein Wort zu erwidern, und auch der Bauer, der gefragt wurde, schwieg wieder wie vorher. Ich aber verstand: Das ist die Liebe zu den Menschen, ihr Bedürfen zu spüren und ihr Leid zu tragen.« Echte Liebe hat die Fähigkeiten, mit dem anderen zu fühlen, genau zu spüren, was ihm fehlt, und es gemeinsam mit ihm zu tragen. Diese Erfahrung kommt auch in einem Wort des indischen Weisen Tagore zum Ausdruck: »Derjenige, der Gutes tun will, klopft am Tor; derjenige, der liebt, findet das Tor offen.«

Sei freundlich und barmherzig

»Der freundliche Mensch zieht die Zuneigung auf sich«, weiß ein Sprichwort aus Kamerun. Der freundliche Mensch ist nicht nur eine Wohltat für andere – es geht ihm auch selbst gut. Ein unfreundlicher Mensch isoliert sich, er schafft sich in einem Klima der Aggressivität und Unzufriedenheit nur Feinde. Das Negative wirkt sich ebenso aus wie das Positive. Dem freundlichen Menschen begegnen auch die anderen freundlich: Sie erwidern, was er in die Welt ausgestrahlt hat. Mutter Teresa hat in dieser Freundlichkeit eine Konkretisierung der Botschaft Jesu gesehen und ihre Mitschwestern aufgerufen:

»Lächeln ist der Anfang der Liebe. Seid freundlich und barmherzig. Lasst niemand, der zu euch kommt, nicht besser und glücklicher wieder gehen.«

Kämpfe für das Leben

Das Wort »kämpfen« hat heute keinen guten Klang. Zu schnell denken wir an Feinde, die sich gegenseitig bekriegen, an Soldaten, die kämpfen müssen. Und auch im persönlichen Bereich plädieren wir heute eher für die sanfte Methode, mit sich selbst umzugehen. Harmonie ist gefragt. Wir sollen uns wohl fühlen. Doch wenn wir in die Bibel und in die Schriften der frühen Kirchenväter schauen, ist dort das Wort »Kampf« oder auch »militia« (Kriegsdienst) weit verbreitet. Die frühen Mönche waren überzeugt, dass unser Leben nur gelingt, wenn wir den Kampf aufnehmen gegen die Dämonen, gegen Gedanken und Leidenschaften, die uns vom Leben abhalten wollen. Kämpfen heißt dabei nicht, die Leidenschaften zu vernichten, sondern mit ihnen zu ringen, um in diesem Kampf selbst stärker zu werden. Wir sollen im Kampf von den Leidenschaften lernen und die Kraft, die in ihnen steckt, für uns nutzen. Aber die Mönche sind überzeugt: Ohne Kampf wird das Leben nicht gelingen. Ohne Kampf werden wir von unseren Launen und Stimmungen bestimmt, oder von den Strömungen der Gesellschaft hin und hergeworfen. Nur wer den Kampf aufnimmt gegen alles, was ihn am Leben hindert, wird das Leben erlangen.

Der eigentliche Kampf hat immer das Leben als Ziel. Wir kämpfen für das Leben. Weil heute so wenig Menschen bereit sind, für die gute Sache zu kämpfen, kann sich das Böse immer mehr ausbreiten. Unsere Welt braucht den Kampf für das Gute. Es genügt nicht, nur vom Guten überzeugt zu sein. Wir müssen auch unsere ganze Kraft einsetzen, für das Gute und für die Menschen zu kämpfen. Unsere Gesellschaft braucht solche kämpferischen Menschen, keine militanten Leute, die immer gegen etwas kämpfen müssen, sondern Menschen, die sich für die Menschen einsetzen, die für das Leben kämpfen.

Vergleiche nicht

»An welchen Ort du auch hinkommst, vergleiche dich nicht mit anderen, und du wirst Ruhe finden.« (Abbas Poimen)

Sobald wir in eine Gruppe von Menschen kommen, setzt bei uns der Mechanismus des Vergleichens ein. Ich vergleiche mich mit den andern: Schauen sie besser aus als ich? Sind sie intelligenter als ich? Verdienen sie mehr Geld als ich? Ziehen sie mehr Aufmerksamkeit auf sich, als mir das gelingt? Sind sie spiritueller als ich? Solange ich mich mit anderen vergleiche, werde ich nie zur Ruhe finden. Ich werde mich entweder entwerten und die andern aufwerten oder aber umgekehrt. Aber ich bin nie bei mir. Ich bin immer bei den andern. Und so komme ich nie zur Ruhe. Nur wenn ich darauf verzichte, mich mit andern zu vergleichen, werde ich Ruhe finden. Dann werde ich mit mir selbst konfrontiert und eingeladen, mich mit mir und meiner Wirklichkeit auszusöhnen. Der

Verzicht auf das Sich-Vergleichen führt mich zur Dankbarkeit für das, was Gott mir geschenkt hat und jeden Augenblick anbietet. Anstatt auf die andern zu schauen, nehme ich mich wahr, wie ich selber bin. Ich bin bei mir. Ich bin einfach da. Das ist die Bedingung, um Ruhe finden zu können. Denn Ruhe heißt einfach: da sein, ruhen, im Einklang mit sich sein, im Frieden den Augenblick genießen.

Richte niemand

Ein Kennzeichen, ob die Askese den Mönch zu Gott geführt hat, ist das Nicht-Richten. Wenn ein Mönch noch so streng fastet und noch so hart arbeitet, dann taugt das alles nicht, wenn er trotzdem noch andere richtet. Die Askese hat ihn dann nur dazu geführt, dass er sich über andere erheben kann. Sie hat der Befriedigung seines Stolzes gedient, der Steigerung seines Selbstwertgefühls. Wer in seiner Askese sich selbst begegnet ist, wer es ausgehalten hat, im Kellion zu bleiben, wenn das Verdrängte hochkommt, dem ist jedes Richten über andere vergangen. So mahnen viele Vätersprüche dazu, bei sich zu bleiben, sich mit der eigenen Wahrheit zu konfrontieren und nicht über andere zu richten.

»Der Altvater Poimen bat den Altvater Joseph: ›Sage mir, wie ich Mönch werde.‹ Er antwortete: ›Wenn du Ruhe finden willst, hier und dort, dann sprich bei jeder Handlung: Ich – wer bin ich? Und richte niemand?‹«

Heile durch Ordnung

Ordnung ist das halbe Leben, sagen wir manchmal. Dahinter steckt eine tiefe Weisheit: Im Mittelalter war »ordo« ein wichtiger Begriff. Man war überzeugt: Wenn alles seine rechte Ordnung hat, dann entspricht das dem Willen Gottes. Denn er hat alle Dinge wohl geordnet. Für den hl. Benedikt ist die Ordnung daher auch ein spirituelller Wert. Er ordnet in seiner Regel alles – die Arbeit, das Gebet, das Miteinander, den Tagesablauf, die Art und Weise mit dem anderen umzugehen. Durch die äußere Ordnung soll der Mensch innerlich in Ordnung kommen. Ich selber erlebe immer wieder, dass gerade für Menschen, die depressiv veranlagt sind, eine äußere Ordnung heilsam sein kann. Wenn die Seele schon nicht in Ordnung ist, so soll wenigstens der Tag geordnet ablaufen. Das gibt dem depressiven Menschen Halt. Wer sich einer äußeren Ordnung unterwirft, bringt damit auch Ordnung in seine Launen und Stimmungen. Er schiebt der Wankelmütigkeit seines Herzens einen Riegel vor, der es aber nicht verschließt, sondern einen Raum eröffnet, in dem das Herz heil werden kann. Die Ordnung ist ein Heilungsfaktor. Eine sinnvolle Ordnung spart Energie, und sie macht frei für das Wesentliche. Sie bewahrt den Menschen davor, in die Formlosigkeit menschlicher Unreife zurückzufallen. Sie gibt ihm klare Strukturen und bringt den Prozess des Reifens voran.

Kenne dein Maß

Gutes Leben ist immer maßvolles Leben. Und es ist nicht selbstverständlich, sein Maß zu finden. Denn, so sagt der griechische Philosoph Aristoteles: »Die Natur des Begehrens ist unbegrenzt und die große Menge lebt nur, um es zu sättigen.« Wir haben in uns die Tendenz, alles maßlos zu betreiben. Wer vom Sport fasziniert ist, gerät in Gefahr, ihn ohne Maß zu praktizieren. Wem das Essen gut schmeckt, der möchte immer mehr. Geld und Besitz haben die Tendenz, in uns eine maßlose Gier danach zu entfachen. Und auch in der Selbsteinschätzung finden wir oft nicht das rechte Maß: Wir haben hohe Idealbilder von uns entwickelt und möchten nicht wahrhaben, dass unsere Realität diese Ideale nicht erreicht. Es ist schmerzlich, auch in der Selbsteinschätzung das rechte Maß zu wahren. Doch wir machen die Erfahrung, dass uns maßvolle Menschen anziehen. Wer hingegen das rechte Maß verloren hat, mit dem er sich selbst misst, macht auf uns einen eher peinlichen Eindruck. Er überschätzt sich selbst. Er meint, er würde mehr als alle anderen arbeiten. Doch wenn wir sein Maß prüfen, ist es eher bescheiden. Auf solche Menschen kann man sich nicht gut verlassen. Abbas Poimen, Mönchsvater aus dem vierten Jahrhundert, sagt: »Es ist wie eine große Ehre, dass der Mensch sein Maß kennt.« Das macht den Glanz des Menschen aus, dass er sein Maß kennt und so lebt, wie es seinem Maß entspricht.

Quellenverzeichnis

Herausgeber und Verlag danken dem Viertürme-Verlag, Münsterschwarzach für die freundliche Abdruckgenehmigung nachfolgend ausgewiesener Texte, sowie P. Anselm Grün für die freundliche Abdruckgenehmigung von noch nicht in Buchform publizierten Beiträgen.

Bilder von Jesus. Vier-Türme-Verlag, Münsterschwarzach 2001:
- S. 88: Jesus der Spalter
- S. 90: Jesus der freie Mensch
- S. 93: Jesus die Auferstehung
- S. 95: Jesus mein Leben
- S. 98: Was mich an Jesus fasziniert

Glauben als Umdeuten. Münsterschwarzacher Kleinschriften Band 32, Vier-Türme-Verlag, Münsterschwarzach 1986:
- S. 144: Den Nächsten neu sehen
- S. 147: Die Liebe wandelt um

Gebet als Begegnung. Münsterschwarzacher Kleinschriften Band 60, Vier-Türmeverlag Münsterschwarzach 1990:
- S. 28: Schweigen als Einswerden mit Gott
- S. 129: Gebet – ein Gespräch mit Gott (gekürzt)
- S. 133: Raum der Intimität

Vergib dir selbst. Münsterschwarzacher Kleinschriften Band 120, Vier-Türme-Verlag Münsterschwarzach 1999
- S. 32: Der verzeihende Gott

Erlösung. Ihre Bedeutung in unserem Leben, Kreuz-Verlag Freiburg i. Br. 2004:
- S. 62: Schuld, Sünde, Leid (gekürzt)
- S. 70: Erlösungsreligion (gekürzt)

Einfach leben. Das große Buch der Spiritualität und Lebenskunst. Hg. von Rudolf Walter, Verlag Herder, Freiburg i. Br. 2013:

S. 81: Der Auferstehungsweg
S. 109: Christus als König
S. 118: Unterwegs auf dem Sehnsuchtsweg
S. 121: Ora et labora – Vom Sinn der Arbeit
S. 184: Pfingsten – Ein neues Miteinander
S. 191: Einfach leben – wie geht das?

Das Buch der Lebenskunst. Verlag Herder, Freiburg i. Br. 2002:

S. 136: Lebenstaugliche Askese
S. 182: Andere aufrichten
S. 183: Tiefe in allen Beziehungen
S. 195: Alles ist in dir

Konflikte bewältigen. Schwierige Situationen aushalten und lösen. Kreuzverlag, Freiburg i. Br. 2013:

S. 161: Kreativer Umgang mit Konflikten
S. 164: Frieden schließen

Kleine Schule der Emotionen. Wie Gefühle uns bestimmen und was unser Leben lebendiger macht. Verlag Herder, Freiburg i. Br. 2013:

S. 197: Im Einklang mit dem Sein
S. 202: Freude – Weite des Herzens

Verwandle deine Angst. Ein Weg zu mehr Lebendigkeit – Spirituelle Impulse, Verlag Herder, Freiburg i. Br. 2006:

S. 31: Gipfel der Liebe
S. 34: Kein Gott der Angst
S. 56: Erlösung als Befreiuung aus der Angst (gekürzt)
S. 137: Zur Ruhe kommen
S. 152: In der Liebe gibt es keine Angst

Das kleine Buch vom guten Leben. Herausgegeben von Anton Lichtenauer, Verlag Herder, Freiburg i. Br., 7. Auflage 2012:

S. 190: Die Ursache des Unglücks
S. 211: Dankbar für alles
S. 211: Amen des Universums

S. 217: Gutes Leben beginnt so
S. 222: Schütze die Werte
S. 224: Höre auf die, die dich lieben
S. 228: Zeige echte Liebe
S. 229: Sei freundlich und barmherzig
S. 230: Kämpfe für das Leben
S. 233: Heile durch Ordnung
S. 234: Kenne dein Maß

Lass die Sorgen – komm in Einklang. Verlag Herder, Freiburg im Br., 4. Auflage, 2008:
S. 208: Für mich ist gesorgt
S. 209: Lass los
S. 210: Sei ohne Sorge
S. 225: Sei dankbar

Gelassen älter werden. Eine Lebenskunst für hier und jetzt, Verlag Herder, Freiburg i. Br. 2011:
S. 218: Lebe jetzt

Der Himmel beginnt in dir. Das Wissen der Wüstenväter für heute. Verlag Herder, Freiburg i. Br. 2012:
S. 139: Der Himmel beginnt in dir

Der innere Raum, Kreuz-Verlag, Stuttgart 2007:
S. 124: Freiheit wächst im Raum der Stille

Anselm Grüns Buch der Antworten, hg. von Anton Lichtenauer, Verlag Herder, Freiburg i. Br., 3. Auflage 2008:

S. 18: Wozu an Gott glauben?
S. 19: Gott – wo ist sein Platz?
S. 21: Wie ist Gott erfahrbar?
S. 24: Wo ist Gott?
S. 27: Es braucht Aufmerksamkeit
S. 40: Nicht »lieb«
S. 41: Gottesverborgenheit
S. 54: Erlösung hier und jetzt

S. 102: Ist Jesus Gott?
S. 104: Jesus und die anderen Religionen
S. 114: Was ist und wohin führt der spirituelle Weg?
S. 135: Beten verändert
S. 173: Halt in Beziehungen
S. 226: Begegne dem Schatten
S. 227: Übernimm Verantwortung

Was soll ich tun? Antworten auf Fragen, die das Leben stellt, hg. von Anton Lichtenauer, Verlag Herder, Freiburg i. Br., 2. Auflage 2009:
S. 216: Guter Rat

Mit Anselm Grün zur inneren Balance finden, hg. von Anton Lichtenauer, Verlag Herder, Freiburg i. Br., 4. Auflage 2008:
S. 220: Sei gut zu dir – und zu anderen

Das Buch der Lebenskunst, 9. Auflage 2010:
S. 231: Vergleiche nicht
S. 232: Richte niemand

(mit Ramona Robben) Grenzen setzen – Grenzen achten.
Damit Beziehungen gelingen – Spirituelle Impulse, 5. Auflage 2010:
S. 174: Beziehung und Abgrenzung

Fünfzig Helfer in der Not. Die Heiligen fürs Leben entdecken, 8. Auflage 2008:
S. 44: Gott allein genügt
S. 48ff: Heilige – Gottes Zeugen (gekürzt)

Einfach-leben-Brief von Anselm Grün, hg. von Rudolf Walter, Verlag Herder, Freiburg i. Br. 2006 ff:
S. 106: Weg, Wahrheit, Leben (Oktober 2013)

Buch der Sehnsucht (jetzt unter dem Titel: Bleib deinen Träumen auf der Spur), Verlag Herder, Freiburg i. Br., 9. Auflage 2010:
S. 44: Das Sehnsuchtsgebet
S. 46: Engel – Gottes Boten
S. 116: Auf der Spur der Lebendigkeit

Vertrauen. Spüre deine Lebenskraft, hg. von Anton Lichtenauer, Verlag Herder, Verlag Herder, Freiburg i. Br., 2. Auflage 2009:

S. 171: Dem anderen trauen
S. 176: Entscheidung für das Vertrauen
S. 199: Heil und ganz

Was die Liebe nährt. Beziehung und Spiritualität, Kreuz-Verlag, Freiburg i. Br. 2010:

S. 38: In der Liebe ist Gott

Unverzagtes Glück. Worte, die das Herz berühren. Hg. von Rudolf Walter, Kreuz Verlag, Freiburg i. Br. 2012:

S. 51: »Die Lieb ist unser Gott«
S. 84: »Vergnügt, erlöst, befreit«
S. 140: Stille
S. 214: Was ist das Ziel? Was ist die Mitte?
S. 215: Paradox

Unveröffentlichte Texte:

S. 60: Die Heilung der Schwiegermutter des Petrus (Predigt zum 5. Sonntag im Jahreskreis Mk 1,29-39.)
S. 74: Heilung als Versöhnung (Vortrag 2004)
S. 77: Therapeutische Dikmensionen des Kirchenjahres (Vortrag: Heilende Aspekte christlicher Spiritualität)
S. 158: Versöhnung mit anderen (Vortrag 2004: Heilung als Versöhnung
S. 178: Dem Armen ins Auge sehen